经典直读本

庄子

〔战国〕庄周 著
若水古社 译

广陵书社
江苏·扬州

图书在版编目（CIP）数据

庄子 /（战国）庄周著；若水古社译. -- 扬州：广陵书社，2022.7（2024.6重印）
ISBN 978-7-5554-1803-0

Ⅰ.①庄… Ⅱ.①庄…②若… Ⅲ.①道家②《庄子》—译文 Ⅳ.①B223.54

中国版本图书馆CIP数据核字（2022）第020347号

书　　名	庄　子
著　　者	〔战国〕庄　周
译　　者	若水古社
责任编辑	戴敏敏

出版发行　广陵书社
　　　　　　　扬州市四望亭路2-4号　　邮编　225001
　　　　　　　（0514）85228081（总编办）　85228088（发行部）
　　　　　　　http://www.yzglpub.com　　E-mail:yzglss@163.com

印刷装订　河北鹏润印刷有限公司

开　　本	880毫米×1230毫米 1/32
印　　张	11.5
插　　页	32
字　　数	180千字
版　　次	2022年7月第1版
印　　次	2024年6月第4次印刷
标准书号	ISBN 978-7-5554-1803-0
定　　价	78.00元

吾生也有涯
而知也无涯

出版说明

一、《庄子》版本和注本众多，清人王先谦所撰《庄子集解》兼收前人研究成果、考证之文，校勘精审，故本书原文以诸子集成本《庄子集解》为底本，又参校其他版本，择优而从。

二、在思想上，庄子继承了老子"道"的学说，崇尚人与自然的和谐，提倡淡泊名利、旷达超脱，但也存在过于追求"无为"等消极的一面。虑及语言、想象、说理三方面的具足，内篇做了全文录用，而外篇和杂篇内容稍涉驳杂，则做了选录，以期为当代人提供更具参考价值的精选本。

三、在编排方面，本书略去注释，采用双栏文白对照的形式，左边文言文，右边白话文。这种形式类似"直读"，一目了然,便捷通畅,读者可以"不求甚解"地欣赏《庄子》的美妙文章。

四、为方便读者阅读,本书采用简体横排的形式,且鉴于每篇文章均由若干相对独立的寓言故事组成,故故事之间均用留白隔开,从而让读者在读完一个故事后能停顿下来,既做暂时的中场休息,又可对故事回味思考,阅读体验更佳。

逍遥游

——庄子的人生和智慧

庄子,姓庄,名周,宋国蒙(今河南商丘西北,一说今安徽蒙城县)人。庄子是战国时期伟大的思想家、哲学家和文学家,同时也是道家学派的集大成者。庄子主要继承和发展了老子的思想,因此后世将他与老子并称为"老庄",他们的哲学则被称为"老庄哲学"。

庄子曾做过漆园吏,虽然生活十分贫困,却鄙弃荣华富贵和权势名利,力图在乱世中保持独立的人格,追求逍遥无恃的精神自由。在中国思想史和文学史上,庄子都做出了巨大的贡献,《庄子》一书,不但是哲学巨著,也是文学瑰宝,其文采堪称一绝,在先秦诸子中,没有能出其右者。

很多人刚开始接触《庄子》时,往往先被那华丽的文采

庄子

和天马行空的想象折服。但深入进去之后,就会发现,华丽的辞藻只是表层,其中蕴含着的,却是天地间最为玄妙的智慧和最高远的境界。

庄子为什么会拥有这么高的智慧和境界,并在他死后的两千多年里,仍然活在人们的心中,做到了如老子所说的"死而不亡"呢?下面这些关于庄子的小故事,或许会给我们带来一些启示。

庄子有个熟人叫曹商。有一天,曹商奉宋国国君之命出使秦国,走的时候,宋国给他配了几辆车。曹商到了秦国,把事情顺利办完,秦王在高兴之余送给他一百多辆车。曹商带着这上百辆车,浩浩荡荡地回到宋国,趾高气扬地对庄子说:"唉!你说像我这样一个人,确实没有什么太大的本事,但如果让我住在破屋子里,每天净干一些上不了台面的活,我估计没这本事。我的本事呢,就是用几句话打动国君的心,并轻而易举地换来巨大的财富。"曹商夸完自己后,便得意忘形地等着看庄子露出窘相。然而,面对着曹商的挖苦,庄子只是淡淡一笑,说:"据我所知,当今的秦王患有很严重的痔疮,他遍求天下名医,并答应如果有人愿意用嘴为他吸脓包,就赏对方一乘车马,如果有人愿意为他舔痔疮,就赏对方五乘车马。我知道你虽然没有什么太大的本事,但为秦王舔痔疮的本事还是有的。恭喜你啦,不知道你到底为秦王舔了多少痔疮，才能够带回这么多的车马？但是，抱歉得很，对于你带回来的这些东西，我根本就不稀罕。所以，您老请吧！千万别玷污了我的房屋。"曹商碰了一鼻子灰，只好灰溜溜地走了。

所谓"天下熙熙，皆为利来；天下攘攘，皆为利往"。古往今来，被"利"字困住思想和灵魂的人，又何止千百万？但从这则故事中，我们可以看出"利"字根本就困不住庄子的心。因为在庄子看来，真正的仁人志士，从来就不怕生活上的贫困与潦倒，而只怕精神上的颓废与空虚。

有一次，庄子来到梁国，他的好朋友惠施当时正在梁国当相国，惠施本来是十分欢迎庄子到来的，但他的手下却跑去跟他说："庄周这家伙的口才、能力远远在你之上，你别看他平时不喜欢说话，但他要说起来，你根本就不是他的对手。"虽然惠施以能言善辩著称，是天下有名的雄辩家，但听手下这么一说，还是害怕了，因为他觉得一旦庄子去见梁王，自己的位子就坐不稳了。于是他立即发动自己的手下去搜捕庄子。庄子听说惠施正在派人到处抓自己，就直接找到惠施要说法。惠施一见庄子便不怀好意地问："你到梁国来到底是什么目的？"庄子并没有正面回答他的问题，而是说："南方有一种鸟叫鹓鶵（一种类似于凤凰的鸟），它从南海飞到北海时，虽然飞了很远的路，但它非梧桐树不栖，非竹实不食,非甘泉不喝。有一天,鹓鶵飞过一只鸱鸟(猫头鹰之类的猛禽)的头顶,当时这只鸱鸟正在吃一只腐烂的老鼠,害怕鹓鶵抢夺,便仰头大叫一声,想用这个方法吓走鹓鶵。你现在是不是也想'嘎'地向我大叫一声?"惠施听罢,尴尬地低下了头。

或许有人会说,就梁国那个小国,以庄子的才干,当然不会放在心上,所以对于梁国的相位,他也根本没有放在眼里,如果换个大一点的国家,估计他就不客气了。事实果真如此吗?请看《庄子》记载的另外一个故事:

楚王派了两位大臣找庄子,希望把楚国托付给他。这两位大臣找到庄子时,他正在河边逍遥地钓鱼呢。两位大臣毕恭毕敬地对他说:"先生!我们大王想劳烦您出山,做我们国家的相国!"庄子听了并没有回头,也没有正面回答,而是给两位大臣讲起了故事:"我听说楚国有一只神龟,虽然已经死了三千年,但它的骨头还被放在宗庙里,用作占卜之器。你说,这只神龟是情愿送了性命留下骨头,让人敬重呢,还是情愿在烂泥巴里打滚呢?"两位大臣听后不假思索地说:"当然是愿意在烂泥巴里打滚了!"庄子笑着说:"这就对了,二位请回吧,因为我也和它一样,愿意拖着尾巴在烂泥巴里打滚。"

俗话说:"人过留名,雁过留声。"可能许多人不会为利所惑，却会为名所累。即使是高洁之士，希望能够名垂青史的也大有人在。但在庄子看来，功名带来的快乐还比不上在烂泥巴里打滚呢。或许这正是老子所说的"圣人后其身而身先，外其身而身存，非以其无私邪？故能成其私"吧！要不然，不在乎功名的庄子，为什么反倒能够名垂青史呢？

在庄子看来，大自然赋予人形体，生活使人劳顿，岁月使人老去，而死亡却能够使人永远地休息。所以，庄子虽然十分珍爱生命，但对于生死，却看得比谁都淡。

庄子临终前，他的学生商量安排他的后事，打算厚葬他。庄子知道后对他们说："我死了以后，你们什么东西都别准备，就用整个天地做我的棺椁，以日月为连璧，以星辰为珠玑，万物都是我的陪葬品。"接着他又对学生们说："既然我死后拥有这么隆重的葬礼，那么你们直接把我扔到山上就完事了。"学生们当然不敢这样做，流着泪说："老师呀！如果我们不给您弄个小棺材，而是随便把您扔在山上，您被野兽吃了怎么办？到时候我们连您的尸体也找不到了呀！"庄子淡淡一笑，说："你们害怕我被扔在荒山上，可能被飞禽走兽吃掉；但如果你们弄一个棺材把我装起来，埋在地下，等到有朝一日木头烂掉了，地下的蚂蚁、蝼蛄等小虫子不照样会吃掉我吗？你们为什么要把我从飞禽走兽的嘴里夺走，然后交给地下的小虫子当作饲料呢？你们也太偏心了吧！"

庄子

  智慧如庄子，即使面对自己的死亡，仍然能够如此幽默。然而，这样的幽默，却在无数人的心中引起了极大的震撼。因为在这幽默的背后，隐藏着一种无形的、巨大的力量。正是这种力量，在我们面临苦难和悲伤时，一直在支撑着我们，默默地温暖着我们有些苍凉的生命。

  当然，庄子的思想远远不止这些。或许每个人的心中，都有一个不同的庄子。但可以肯定的是，庄子思想中最为人称道的，是关于人生哲学和人生境界的思想。他的这些思想，可以引导我们走向一条通往心灵自由和精神解脱的道路，只要沿着这条道路走下去，我们就会过上更加精彩的人生，领略更高的人生境界。

若水古社

目 录

内篇

逍遥游第一	3
齐物论第二	15
养生主第三	41
人间世第四	47
德充符第五	71
大宗师第六	87
应帝王第七	112

外篇

骈拇第八　125

马蹄第九　130

胠箧第十　132

在宥第十一　138

天地第十二　149

天道第十三　154

天运第十四　163

刻意第十五　171

缮性第十六　177

秋水第十七　183

至乐第十八　206

达生第十九　213

山木第二十　218

田子方第二十一　227

知北游第二十二　238

目　录

杂篇

庚桑楚第二十三　249

徐无鬼第二十四　253

则阳第二十五　261

外物第二十六　269

寓言第二十七　274

让王第二十八　282

盗跖第二十九　289

说剑第三十　302

渔父第三十一　309

列御寇第三十二　321

天下第三十三　329

庄子

内篇

逍遥游第一

北冥有鱼，其名为鲲。鲲之大，不知其几千里也。化而为鸟，其名为鹏。鹏之背，不知其几千里也。怒而飞，其翼若垂天之云。是鸟也，海运则将徙于南冥。南冥者，天池也。

《齐谐》者，志

北方的大海里有一条鱼，它的名字叫作鲲。鲲的体长，真不知道大到几千里。变化成为鸟，它的名字就叫鹏。鹏的脊背，也不知道长到几千里。当它奋起而飞的时候，那展开的双翅就像天边的云。这只鹏鸟啊，随着海上汹涌的波涛迁徙到南方的大海。南方的大海是个天然的大池。

《齐谐》是一部专门记载怪

怪者也。《谐》之言曰："鹏之徙于南冥也，水击三千里，抟扶摇而上者九万里，去以六月息者也。"野马也，尘埃也，生物之以息相吹也。天之苍苍，其正色邪？其远而无所至极邪？其视下也，亦若是则已矣。

且夫水之积也不厚，则其负大舟也无力。覆杯水于坳堂之上，则芥为之舟。置杯焉则胶，水浅而舟大也。风之积也不厚，则其负大翼也无力。故九万里则风斯

异之事的书，书上记载："鹏鸟迁徙到南方的大海，翅膀拍击水面激起三千里的波涛，海面上急骤的狂风盘旋而上，直冲九万里高空，它是乘着六月的风而飞去的。"春日林泽原野上蒸腾浮动犹如奔马的雾气，低空里沸沸扬扬的尘埃，都是大自然里各种生物的气息互相吹拂所致。天空湛蓝湛蓝的，那是它真正的颜色吗？还是高旷辽远没法看到它的尽头呢？鹏鸟在高空往下看，不过也就像这个样子罢了。

再说，水汇积不深，就没有力量浮载大船。倒杯水在庭堂的低洼处，那么小小的芥草可以当作船；而杯子放在上面就粘住不动了，因为水太浅而船太大了。风聚积的力量不雄厚，就没有力量托负巨大的翅膀。所以，鹏鸟高飞九万里，狂风就在它的身

在下矣，而后乃今培风；背负青天而莫之夭阏（è）者，而后乃今将图南。

蜩（tiáo）与学鸠笑之曰："我决（xuè）起而飞，抢榆枋而止，时则不至，而控于地而已矣，奚以之九万里而南为？"适莽苍者，三餐而反，腹犹果然；适百里者，宿舂粮；适千里者，三月聚粮。之二虫又何知！

小知不及大知，小年不及大年。奚以知其然也？朝菌不知晦朔，蟪蛄不知春秋，此小年也。楚之

下，然后方才凭借风力飞行，背负青天而没有什么力量能够阻遏它，才能像现在这样飞到南方去。

蝉与小灰雀讥笑它说："我从地面急速起飞，碰着榆树和檀树的树枝就落下来，也常常飞不到而落在地上，为什么要到九万里的高空而向南海飞呢？"到郊野去，带上三餐就可以往返，肚子还是饱饱的；到百里之外去，要用一整夜时间准备干粮；到千里之外去，三个月以前就要准备粮食。蝉和灰雀这两个小东西怎么会懂得这些道理呢？

小聪明赶不上大智慧，寿命短比不上寿命长。怎么知道是这样的呢？清晨的菌类不会懂得什么是昼夜交替，寒蝉也不会懂得什么是四季变化，这就是短

南有冥灵者,以五百岁为春,五百岁为秋;上古有大椿者,以八千岁为春,八千岁为秋,此大年也。而彭祖乃今以久特闻,众人匹之,不亦悲乎!

汤之问棘也是已:"穷发之北,有冥海者,天池也。有鱼焉,其广数千里,未有知其修者,其名为鲲。有鸟焉,其名为鹏,背若泰山,翼若垂天之云,抟扶摇羊角而上者九万里,绝云气,负青天,然后图南,且适南冥也。斥鹌(yàn)笑之

寿。楚国南边有叫冥灵的大龟,它把五百年当作春,把五百年当作秋;上古有叫大椿的古树,它把八千年当作春,把八千年当作秋,这就是长寿。可是活了七百岁的彭祖到如今还是以年寿长久而闻名于世,人们都希望和他相比,岂不可悲可叹吗?

商汤询问棘的话是这样的:"在那草木不生的北方,有一片很深的大海,那就是天池。那里有一种鱼,它有好几千里宽,没有人能够知道它有多长,它的名字叫作鲲。有一种鸟,名字叫鹏,它的脊背像座大山,展开双翅就像天边的云。鹏鸟奋起而飞,翅膀拍击急速旋转向上的气流直冲九万里高空,穿过云气,背负青天,这才打算向南飞去,飞到南方的大海。斥鹌讥笑它

曰：'彼且奚适也？我腾跃而上，不过数仞而下，翱翔蓬蒿之间，此亦飞之至也，而彼且奚适也？'"此小大之辩也。

故夫知效一官，行比一乡，德合一君，而征一国者，其自视也，亦若此矣。而宋荣子犹然笑之。且举世而誉之而不加劝，举世而非之而不加沮。定乎内外之分，辩乎荣辱之境，斯已矣。彼其于世，未数数然也。虽然，犹有未树也。

说：'它打算飞到哪儿去？我奋力跳起来往上飞，不过几丈高就落了下来，盘旋于蓬蒿丛中，这也是我飞翔的极限了。而它打算飞到什么地方去呢？'"这就是小与大的不同了。

所以，那些才智足以胜任一个官职，品行合乎一乡人心愿，道德能使国君感到满意，能力足以取信一国之人的人，他们看待自己也像是这样啊。而宋荣子却嗤笑他们。世上的人们都赞誉宋荣子，他不会因此越发努力；世上的人们都非难他，他也不会因此而更加沮丧。他能够清楚地划定自身与物外的区别，辨别荣誉与耻辱的界限，不过如此而已呀！宋荣子他对于整个社会，从来不急急忙忙地去追求什么。虽然如此，他还是未能达到最高的境界。

庄子

夫列子御风而行，泠（líng）然善也，旬有五日而后反。彼于致福者，未数数然也。此虽免乎行，犹有所待者也。

若夫乘天地之正，而御六气之辩，以游无穷者，彼且恶乎待哉！故曰：至人无己，神人无功，圣人无名。

列子能御风而行，那样子实在轻盈美好，而且十五天后方才返回。列子对于寻求幸福，从来没有急急忙忙的样子。他这样做虽然免除了行走的劳苦，可还是有所依恃呀。

如果能够遵循宇宙万物的规律，把握阴、阳、风、雨、晦、明"六气"的变化，遨游于无穷无尽的境界，他还用仰赖什么呢！因此说，"至人"能够达到忘我的境界，"神人"心目中没有功名和事业，"圣人"从不去追求名誉和地位。

尧让天下于许由，曰："日月出矣，而爝（jué）火不息，其于光也，不亦难乎！时雨降矣，而犹

尧打算把天下让给许由，于是对他说："太阳和月亮都已升起来了，可是小小的炬火依旧在燃烧不熄，它要跟日月争辉，不是很难吗？季雨及时降落了，可

浸灌，其于泽也，不亦劳乎！夫子立而天下治，而我犹尸之，吾自视缺然。请致天下。"许由曰："子治天下，天下既已治也，而我犹代子，吾将为名乎？名者，实之宾也，吾将为宾乎？鹪鹩（jiāo liáo）巢于深林，不过一枝；偃鼠饮河，不过满腹。归休乎君，予无所用天下为！庖人虽不治庖，尸祝不越樽俎而代之矣。"

肩吾问于连叔曰："吾闻言于接舆，大而无当，往而不

是人们还在不停地浇水灌地，如此费力的人工灌溉对于整个大地的润泽，不显得徒劳吗？先生如能居于国君之位，天下一定会获得大治，可是我还空居其位，我自己越看越觉得能力不够，请允许我把天下交给你。"许由回答说："你治理天下，天下已经获得了大治，而我却还要去替代你，我将为了名声吗？'名'是'实'所派生出来的次要东西，我将去追求这次要的东西吗？鹪鹩在森林中筑巢，不过占用一棵树枝；鼹鼠到大河边饮水，不过喝满肚子。你还是打消念头回去吧，我要天下做什么呢？厨师即使不尽职，主祭也不会越俎代庖的！"

肩吾向连叔求教："我从接舆那里听到的，尽是些没有边际的大话，一说下去就回不到原来

返。吾惊怖其言犹河汉而无极也，大有径庭，不近人情焉。"

连叔曰："其言谓何哉？"曰："藐姑射（yè）之山，有神人居焉。肌肤若冰雪，绰约若处子；不食五谷，吸风饮露；乘云气，御飞龙，而游乎四海之外；其神凝，使物不疵疠（cī lì）而年谷熟。吾以是狂而不信也。"

连叔曰："然。瞽（gǔ）者无以与乎文章之观，聋者无以与乎钟鼓之声。岂唯形骸有聋盲哉？夫知亦有之。是其言也，犹

的话题上。我十分惊恐他的言谈，就好像天上的银河没有边际，跟一般人的言谈差异甚远，确实是太不近情理了。"

连叔问："他说的是些什么呢？"肩吾转述道："他说，在遥远的姑射山上，住着一位神人，皮肤润白像冰雪，体态柔美如处女，不食五谷，吸清风饮甘露，乘云气驾飞龙，遨游于四海之外。他的精神那么专注，可以使世间万物不受病害，年年五谷丰登。我认为这全是虚妄之言，一点儿也不可信。"

连叔听后说："是呀！对于瞎子来说，是没法让他们欣赏花纹和色彩的，聋子是没法让他们聆听钟鼓的乐声的。岂止是人的身体上有聋和瞎，思想上也有聋和瞎啊！这话似乎就是说你肩

时女也。之人也,之德也,将旁礴万物以为一,世蕲（qí）乎乱,孰弊弊焉以天下为事!之人也,物莫之伤,大浸稽天而不溺,大旱金石流、土山焦而不热。是其尘垢秕糠,将犹陶铸尧舜者也,孰肯以物为事？"

宋人资章甫而适诸越,越人断发文身,无所用之。尧治天下之民,平海内之政。往见四子藐姑射之山、汾水之阳,窅（yǎo）然丧其天下焉。

惠子谓庄子曰：

吾的呀。那位神人,他的德行,与万事万物混同一起,以此求得整个天下的治理,谁还会忙忙碌碌把管理天下当回事!那样的人呀,没有什么外物能伤害他,滔天的大水不能淹没他,天下大旱使金石熔化、土山焦裂,他也不感到灼热。他所留下的尘埃以及瘪谷糠麸之类的废物,也可造就出尧舜那样的圣贤人君来,他怎么会把忙着管理万物当作已任呢？"

北方的宋国有人贩卖帽子到南方的越国,越国人不蓄头发,满身刺着花纹,没什么地方用得着帽子。尧治理好天下的百姓,安定了海内的政局,到遥远的姑射山上、汾水北面,去拜见四位得道的高士,不禁怅然若失,忘记了自己居于治理天下的地位。

惠子对庄子说："魏王送我

11

庄子

"魏王贻我大瓠（hù）之种，我树之成而实五石。以盛水浆，其坚不能自举也。剖之以为瓢，则瓠落无所容。非不呺（xiāo）然大也，吾为其无用而掊（pǒu）之。"

庄子曰："夫子固拙于用大矣。宋人有善为不龟（jūn）手之药者，世世以洴（píng）澼（pì）絖（kuàng）为事。客闻之，请买其方百金。聚族而谋曰：'我世世为洴澼絖，不过数金。今一朝而鬻（yù）技百金，请与之。'客得之，以说吴王。越有难，吴王

大葫芦种子，我将它培植起来后，结出的果实有五石容积。用大葫芦去盛水浆，可是它的坚固程度承受不了水浆的重量。把它剖开做瓢也太大了，没有什么地方可以放得下。这个葫芦不是不大呀，我却因为它没有什么用处而砸烂了它。"

庄子说："先生实在是不善于使用大东西啊！宋国有个人，善于调制不皲手的药物，他家世世代代以漂洗丝絮为职业。有个游客听说了这件事，愿意用百金的高价收买他的药方。全家人聚集在一起商量：'我们世世代代在河水里漂洗丝絮，所得不过数金，如今一下子就可卖得百金。还是把药方卖给他吧。'游客得到药方，便去游说吴王。正巧越国发难，吴王派他统率部队，冬天跟越军在水上交战，大败越

使之将。冬,与越人水战,大败越人,裂地而封之。能不龟手一也,或以封,或不免于洴澼絖,则所用之异也。今子有五石之瓠,何不虑以为大樽而浮乎江湖,而忧其瓠落无所容?则夫子犹有蓬之心也夫!"

惠子谓庄子曰:"吾有大树,人谓之樗(chū)。其大本拥肿而不中绳墨,其小枝卷曲而不中规矩。立之涂,匠者不顾。今子之言,大而无用,众所同去也。"

庄子曰:"子独不见狸狌(shēng)

军,吴王划割土地封赏他。同样一个能使手不皲裂的药方,有的人用它来获得封赏,有的人却只能靠它在水中漂洗丝絮,这是使用的方法不同。如今你有五石容积的大葫芦,怎么不考虑用它来制成腰舟,而浮游于江湖之上,却担忧葫芦太大无处可容?看来先生你还是心窍不通啊!"

惠子又对庄子说:"我有棵大树,人们都叫它'樗'。它的树干疙里疙瘩,不符合绳墨取直的要求,它的树枝弯弯扭扭,也不适应圆规和角尺取材的需要。就算生长在道路旁,木匠连看也不看。现今你的言谈,大而无用,大家都会鄙弃它的。"

庄子说:"先生你没看见过野猫和黄鼠狼吗?低着身子匍匐

庄子

乎？卑身而伏，以候敖者；东西跳梁，不辟（bì）高下；中于机辟，死于罔罟（gǔ）。今夫斄（lí）牛，其大若垂天之云。此能为大矣，而不能执鼠。今子有大树，患其无用，何不树之于无何有之乡，广莫之野，彷徨乎无为其侧，逍遥乎寝卧其下。不夭斤斧，物无害者，无所可用，安所困苦哉！"

于地，等待那些出洞觅食出游的小动物。一会儿东，一会儿西，跳来跳去，一会儿高，一会儿低，上下窜越，不曾想到落入猎人设下的机关，死于猎网之中。再有那斄牛，庞大的身体就像天边的云。它的本事可大了，不过不能捕捉老鼠。如今你有这么大一棵树，却担忧它没有什么用处，为何不把它栽种在什么也没有生长的地方，栽种在广漠旷野里，悠然自得地徘徊于树旁，自在地躺卧于树下。它不会遭到刀斧砍伐，也没有什么东西会去伤害它。因为派不上什么用场，所以没有什么困苦啊！"

齐物论第二

南郭子綦（qí）隐机而坐，仰天而嘘，苔（tà）焉似丧其耦（ǒu）。颜成子游立侍乎前，曰："何居乎？形固可使如槁木，而心固可使如死灰乎？今之隐机者，非昔之隐机者也。"

子綦曰："偃，不

南郭子綦靠着几案而坐，仰首向天缓缓地吐气，那忘我的样子就像精神脱出了躯体。他的学生颜成子游站在跟前说道："这是怎么啦？形体诚然可以使它像干枯的树木，精神和思想难道也可以像死灰一样吗？你今天凭几而坐，跟往昔凭几而坐的情景大不一样呢。"

子綦回答说："偃，你这个

庄子

亦善乎而问之也！今者吾丧我，汝知之乎？女闻人籁而未闻地籁，女闻地籁而不闻天籁夫！"

子游曰："敢问其方。"

子綦曰："夫大块噫（ài）气，其名为风。是唯无作，作则万窍怒呺（háo）。而独不闻之翏（liù）翏乎？山林之畏佳（wěi cuī），大木百围之窍穴，似鼻，似口，似耳，似枅（jī），似圈，似臼，似洼者，似污者。激者、謞（xiào）者、叱者、吸者、叫者、譹（háo）

问题问得很好。今天我忘掉了自己，你知道吗？你听过人吹丝竹管弦等乐器发出的声音，却没有听过风吹过大地穴窍发出的啸声，即使听过大地的啸声，却没有听见过自然之声吧！"

子游问："我冒昧地请教它们的真实含义。"

子綦说："大地吐出的气，叫风。风不发作则已，一旦发作，整个大地万种的窍孔都怒吼起来。你没有听过那呼呼的风声吗？山陵陡峭峥嵘，大树上无数的窍孔，有的像鼻子，有的像嘴巴，有的像耳朵，有的像圆柱上插入横木的方孔，有的像圈围的栅栏，有的像舂米的臼窝，有的像深池，有的像浅池。它们发出的声音，像湍急的流水声，像迅疾的箭镞声，像大声的呵斥声，像细细的呼吸声，像放声叫喊，

者、宎(yǎo)者、咬者，前者唱于而随者唱喁(yú)，泠风则小和，飘风则大和，厉风济则众窍为虚。而独不见之调调之刁刁乎？"

子游曰："地籁则众窍是已，人籁则比竹是已，敢问天籁。"

子綦曰："夫吹万不同，而使其自己也。咸其自取，怒者其谁邪？"

大知闲闲，小知间(jiān)间。大言炎

像号啕大哭，像在山谷里深沉回荡的风声，像鸟儿鸣叫叽喳。前面有风在呜呜唱导，后面有孔窍呼呼随和。清风徐徐就有小小的和声，长风呼呼便有大的反响，迅猛的暴风过去了，万般窍穴也就寂然无声。你难道不曾看见风儿过处万物随风摇曳晃动的样子吗？"

子游说："地籁是从万种窍穴里发出的风声，人籁是从各种不同的竹管里发出的声音，请教什么是天籁。"

子綦说："天籁虽然有万般不同，但使它们发生和停息的都是出于自身，发动者还有谁呢？"

大智广博豁达，小聪明斤斤计较；大言气焰凌人，小言琐

炎，小言詹詹。其寐也魂交，其觉也形开。与接为搆，日以心斗。缦者、窖者、密者。小恐惴惴，大恐缦缦。其发若机栝（kuò），其司是非之谓也；其留如诅盟，其守胜之谓也；其杀如秋冬，以言其日消也；其溺之所为之，不可使复之也；其厌也如缄，以言其老洫（xù）也；近死之心，莫使复阳也。喜怒哀乐，虑叹变慹（zhí），姚佚启态。乐出虚，蒸成菌。日夜相代乎前而莫知其所萌。已乎，已乎！旦暮得此，其所由以生乎！

碎不休、没完没了。他们睡眠时精神不宁，醒来后形体不安；跟外界接触纠缠不清，整日勾心斗角。有的疏怠迟缓，有的高深莫测，有的小心翼翼。小的惧怕惴惴不安，大的惊恐失魂落魄。他们说话就好像放出利箭，是与非都由此而产生；将自己的心思存留心底，就像盟约誓言一样坚守不渝，坐待胜机。他们衰败犹如秋冬的草木，这说明他们日益销毁；他们被自己所从事的各种事情消耗，不可能再恢复原有的生机；心灵闭塞好像被绳索缚住，这说明他们衰老枯竭；心灵闭塞死气沉沉，没法使他们恢复生气。他们欣喜、愤怒、悲哀、欢乐，他们忧思、叹惋、反复、恐惧，他们躁动轻浮、奢华放纵、造姿作态。如同从空洞的乐管中发出的音乐，又像由地气蒸腾而形成的菌类，无根无基，忽生忽灭。种种情态每天都在发生着，日夜交替，自己都不知道自己为何这样，不知道这些情感因何而萌生。算了吧，算了吧！朝夕之间，怎能明白这种种情态发生、形成的根源呢？

没有那些情态，就没有我本身，没有我本身就没法呈现那些情态。这样的认识已接近于事物的本质，然而却不知道这一切被什么所驱使。仿佛有"真宰"，却又寻不到它的端倪。可以通过实践验证，却看不见它的形体；它真实存在着，却没有具体形态。

骨骼、九窍、五脏六腑，全都齐备地存在于我的身体，我和哪一部分最为亲近呢？你对它们都同样喜欢吗？有特别偏爱的部分吗？它们和你都是从属关系

非彼无我，非我无所取。是亦近矣，而不知其所为使。若有真宰，而特不得其眹（zhèn）。可行己信，而不见其形，有情而无形。

百骸、九窍、六藏（zàng），赅而存焉，吾谁与为亲？汝皆说之乎？其有私焉？如是皆有为臣妾

乎？其臣妾不足以相治乎？其递相为君臣乎？其有真君存焉？如求得其情与不得，无益损乎其真。一受其成形，不亡以待尽。与物相刃相靡，其行尽如驰而莫之能止，不亦悲乎！终身役役而不见其成功，苶（nié）然疲役而不知其所归，可不哀邪！人谓之不死，奚益！其形化，其心与之然，可不谓大哀乎？人之生也，固若是芒乎？其我独芒，而人亦有不芒者乎？

夫随其成心而师

吗？从属关系就不能相互支配了吗？还是轮流为君臣呢？或者真有"真君"存在其间吗？无论你能不能寻求得到它，都不会对它的真实存在有什么影响。人一旦秉承天地之气而形成形体，一时便不会死亡而等待最后的消亡。人们与外界环境相互摩擦相互消耗，不停奔驰而不知止步，这不是很可悲的吗！人们终生劳碌却看不到成功，困顿劳累却不知道自己究竟为何如此，这不是很悲哀的吗！就算像人们希望的永生不死，这样活着又有什么益处呢！人的形骸逐渐衰竭，精神和感情也跟着一起衰竭，这难道不是莫大的悲哀吗？人生在世，本来就该是这样迷昧无知吗？还是只有我才这么迷昧无知，而世人也有不迷昧无知的吗？

追随自己的成见作为判断标

之，谁独且无师乎？奚必知代而心自取者有之？愚者与有焉！未成乎心而有是非，是今日适越而昔至也。是以无有为有。无有为有，虽有神禹且不能知，吾独且奈何哉！

　　夫言非吹也，言者有言。其所言者特未定也。果有言邪？其未尝有言邪？其以为异于鷇（kòu）音，亦有辩乎？其无辩乎！
　　道恶乎隐而有真伪？言恶乎隐而有是

准，那么谁会没有标准呢？何必一定是那些通晓万物更替之理而了悟道理的人才有呢？愚昧的人也一样会有自己的标准的。如果还没在思想上形成定见就先有了是非观念，这就像今天到越国去而昨天就已经到达了。这就是把没有当成有。将没有当成有，即使圣明的大禹尚且不可能理解，我又能怎么样呢？

　　说话并不像是吹风。善辩的人说个不休，所说的话却不曾有过定论。果真说了些什么吗？还是不曾说过什么呢？他们都以为自己的言谈不同于雏鸟的鸣叫，真有区别吗？还是没有分别呢？
　　大道是怎么隐匿起来而有了真伪之别呢？言论是怎么隐匿起

非？道恶乎往而不存？言恶乎存而不可？道隐于小成，言隐于荣华。故有儒墨之是非，以是其所非而非其所是。欲是其所非而非其所是，则莫若以明。

　　物无非彼，物无非是。自彼则不见，自知则知之。故曰：彼出于是，是亦因彼。彼是方生之说也。虽然，方生方死，方死方生；方可方不可，方不可方可；因是因非，因非因是。是以圣人不由而照之于天，亦因是也。

来而有了是非之辩呢？大道怎么会出现而又不复存在？言论又怎么存在而又不被认可？大道被小小的成功所隐蔽，言论被浮华的辞藻所掩盖。所以就有了儒家和墨家的是非之辩，肯定对方所否定的东西而否定对方所肯定的东西。想要肯定对方所否定的东西而非难对方所肯定的东西，那么不如去了解事物的本然。

　　世上万物无不存在与之对立的"彼"的，也没有不存在"此"的。从"彼"看不到"此"，从"此"才能知道"此"之事。所以说："彼"是由"此"生出的，"此"亦起因于"彼"。事物对立的两个方面是相互并存、相互依赖的。即便这样，万物随着产生即出现消亡，随着消亡又出现产生；随着肯定就出现否定，随着否定又出现肯定；有依据正确

是亦彼也，彼亦是也。彼亦一是非，此亦一是非，果且有彼是乎哉？果且无彼是乎哉？彼是莫得其偶，谓之道枢。枢始得其环中，以应无穷。是亦一无穷，非亦一无穷也。故曰：莫若以明。

以指喻指之非指，不若以非指喻指之非指也；以马喻马之非马，不若以非马喻马之非马也。天

的，就有遵循错误的，是非正误都是相应出现的。因此，圣人从不依据是非彼此而是依照事物的本然，也就是顺应自然之理。

"此"就是"彼"，"彼"也即"此"。"彼"有彼的是与非，"此"有此的正与误。世上真的存在彼此的分别吗？还是真的不存在彼此的区分呢？彼此不相对立、互相依存，就是"道"的枢纽。抓住了"道"的枢纽就抓住了事物的要害，从而顺应天地无穷的变化。"是"是无穷的，"非"也是无穷的。所以说不如去了解事物的本然。

用拇指举例来说明拇指不是手指，不如用非拇指来说明拇指并非手指；用白马来说明白马不是马，不如用非白马来说明白马不是马。其实，天地就是"一

地一指也，万物一马也。

可乎可，不可乎不可。道行之而成，物谓之而然。恶乎然？然于然。恶乎不然？不然于不然。物固有所然，物固有所可。无物不然，无物不可。

故为是举莛（tíng）与楹，厉与西施，恢诡憰（jué）怪，道通为一。其分也，成也；其成也，毁也。凡物无成与毁，复通为一。唯达者知通为一，为是不用，而寓诸庸。庸也

指"，万物就是"一马"。

被认可的，人们都跟着认可；被否定的，人们也跟着否定。路是人们走出来的，事物的名称是人们叫出来的。事物为什么是这样的？自然有它成为这样的原因。不是这样，也自然有它不是这样的原因。一切事物都有它原本就正确的一面、能被认可的一面。没有什么事物不存在正确的一面和能被认可的一面。

所以说，小草和大柱、丑陋的癞头和美貌的西施，以及一切奇奇怪怪的事物，从"道"的观点看它们都是相通为一的。万事万物，有分解的，就有新形成的，有新形成的，即必然有毁灭的。一切事物，从合一的观点看，是没有所谓的形成与毁灭的，都是一个完整的整体。只有

者，用也；用也者，通也；通也者，得也。适得而几已。因是已。已而不知其然谓之道。

劳神明为一而不知其同也，谓之"朝三"。何谓"朝三"？狙公赋芧（xù），曰："朝三而暮四。"众狙皆怒。曰："然则朝四而暮三。"众狙皆悦。名实未亏而喜怒为用，亦因是也。是以圣人和之以是非而休乎天钧，是之谓两行。

通达的人才懂得事物相通而为一的道理，他们不固执地对事物做出这样那样的解释，而把自己的观点寄托于平常的事理之中。所谓"庸"，就是在日常生活中去领悟；在日常生活中去领悟，就可以通达于道；通达于道之后，就可以有所成就。有所成就也就差不多了。这样顺应自然而不去追究它的究竟，就叫作"道"。

耗费心思去让事物保持一致，而不知事物本身就是一体，这就是"朝三"。什么是"朝三"呢？有一个养猴子的人，在给众猴子分配食物时说："早上给你们三升，晚上给你们四升，怎么样？"猴子们听了非常愤怒。养猴人便改口说："那么就早上四升晚上三升吧。"猴子们听了都高兴起来。无论从名义上还是实际上，都没有改变，猴子

庄子

古之人，其知有所至矣。恶乎至？有以为未始有物者，至矣，尽矣，不可以加矣！其次以为有物矣，而未始有封也。其次以为有封焉，而未始有是非也。是非之彰也，道之所以亏也。道之所以亏，爱之所以成。果且有成与亏乎哉？果且无成与亏乎哉？有成与亏，故昭氏之鼓琴也；无成与亏，故

们的喜与怒却随之变化，这就是顺着猴子们主观认定的某个道理罢了。因此，圣人从不执着于区分是非，而是顺应自然的均衡，这就叫做"两行"，即物我各得其所，自行发展。

古时的人，他们的智识有一个最高境界。什么是最高境界呢？整个宇宙从一开始就不存在什么具体的事物，这是智识的最高境界，是无以复加的。次一等的，认为宇宙之始是存在事物的，可是万事万物不曾有划分界限。再次一等的，认为万事万物虽有这样那样的区别，但是却从不曾有是与非的不同。是与非的概念愈加明显，"道"也就随之有了亏损和缺陷。道的亏损，是由于私欲形成的。果真有形成与亏损吗？还是其实并没有形成与亏缺呢？有了形成与亏缺，才有

昭氏之不鼓琴也。昭文之鼓琴也，师旷之枝策也，惠子之据梧也，三子之知几乎，皆其盛者也，故载之末年。唯其好之也，以异于彼，其好之也，欲以明之。彼非所明而明之，故以坚白之昧终。而其子又以文之纶终，终身无成。若是而可谓成乎，虽我亦成也；若是而不可谓成乎，物与我无成也。是故滑疑之耀，圣人之所图也。为是不用而寓诸庸，此之谓"以明"。

昭文弹琴。没有形成和亏缺，就不会有昭文弹琴。昭文善于弹琴，师旷精于乐律，惠施则擅长靠着梧桐树高谈阔论，这三位先生的才智可算得上登峰造极了！他们都享有盛誉，所以他们的事迹得以记载并流传下来。他们所擅长的，也因而跟别人大不一样；正因为如此，所以他们总希望能够表现出自己异于他人的特长来。不是他人所必须了解的，而强加于他人必须了解——所以就有惠子终身执迷于"坚白论"的偏激中。而昭文的儿子也必须继承其父之事业，终生没有什么作为。——这样若算得上有所成，那即使是没做什么的人也可说是有成就了。若这样不算有成就，那么大家也就都谈不上有什么成就。因此，各种迷乱人心的炫耀，都是圣人所应摒

庄子

弃的。不固执地对事物做出这样那样的解释，而把自己的观点寄托于平常的事理之中，这便叫作"以明"。

今且有言于此，不知其与是类乎？其与是不类乎？类与不类，相与为类，则与彼无以异矣。虽然，请尝言之：有始也者，有未始有始也者，有未始有夫未始有始也者。有有也者，有无也者，有未始有无也者，有未始有夫未始有无也者。俄而有无矣，而未知有无之果孰有孰无也。今我则已有谓

现在在这里说这一番话，不知道这些话跟其他人的谈论是相同呢，还是不同？无论相同与否，既然都是言谈议论，也就和别人没什么区别了。既然是这样，就请听我说一说：宇宙万物有它的开始，同样有它未曾开始的开始，更还有它未曾开始的未曾开始的开始。宇宙之初，万物有它的"有"，也就有它的"无"，还有个未曾有过的"无"，同样也有个未曾有过的未曾有过的"无"。突然间，宇宙生出了"有"和"无"，却不知道"有"与"无"哪个是真正

矣，而未知吾所谓之其果有谓乎？其果无谓乎？

天下莫大于秋豪之末，而太山为小；莫寿于殇子，而彭祖为夭。天地与我并生，而万物与我为一。既已为一矣，且得有言乎？既已谓之一矣，且得无言乎？一与言为二，二与一为三。自此以往，巧历不能得，而况其凡乎！故自无适有，以至于三，而况自有适有乎！无适焉，因是已！

的"有"、哪个是真正的"无"。现在，我已经说了这么多言论和看法，但却不知道这些言论和看法我果真说过呢，还是其实根本没有说过？

天下没有什么比秋天鸟兽身上新长的绒毛末端更大的了，而泰山算是小的；世上也没有什么比夭折的婴儿更长寿的了，而传说中极长寿的彭祖却是短命的。天地与我共生，万物与我合而为一。既然已经浑然一体，还需要有什么言论呢？既然说了"浑然一体"，又怎么能说没什么言论呢？客观存在的一体加上我的言论，就成了"二"，"二"再加上个"一体"，就成了"三"。以此推算下去，即使最精明的计算也不可能得出最后的数字，何况芸芸众生乎！从无到有，已经推算到"三"，更何况从"有"

夫道未始有封，言未始有常，为是而有畛（zhěn）也。请言其畛：有左有右，有伦有义，有分有辩，有竞有争，此之谓"八德"。

六合之外，圣人存而不论；六合之内，圣人论而不议。《春秋》经世先王之志，圣人议而不辩。故分也者，有不分也；辩也者，有不辩也。曰：何也？圣人怀之，众人辩之以相示也。故曰：辩也者，有不见也。

到"有"呢？没有必要这样推演下去了，还是顺应事物的本然吧！

道从不曾有过界线，言论也不曾有过定准。因为要确立"是"，才有了这样那样的界线和区别。请让我说说界线的不同：有左有右，有序列有等别，有分解有辩驳，有竞说有争胜，这就是界线的八种。

天地之外的事，圣人总是默许而不去研究的；天地之内的事，圣人虽然研究，却不随意评说。《春秋》是古代君王治世的记载，圣人对此评说但不争辩。可知有分别就因为存在不能分别，有争辩也就因为存在不能辩驳。有人会说，这是为什么呢？圣人默默体认一切事理，存之于心，而普通人则争辩不休，夸耀于外。所以说，大凡争辩，总因

夫大道不称，大辩不言，大仁不仁，大廉不嗛，大勇不忮（zhì）。道昭而不道，言辩而不及，仁常而不成，廉清而不信，勇忮而不成。五者园而几向方矣！故知止其所不知，至矣。孰知不言之辩，不道之道？若有能知，此之谓天府。注焉而不满，酌焉而不竭，而不知其所由来，此之谓葆光。

为有自己所看不见的一面。

至高的道是不必称扬的，至高的辩说是无言的，至高的仁爱是不偏爱的，至高的节操是不表示谦让的，至高的勇敢是不伤害他人的。被昭告的道不算是真理，滔滔不绝的言论总有表达不清的地方，仁爱长存于一处便不能博爱，挂在嘴边上的节操反而不太真实，以伤害别人而著称的勇敢不能算是真的勇敢。这五种情况恰恰是与所希望的背道而驰了。因此，懂得止于自己所不知晓的境域，就是绝顶的明智。谁能真正通晓不用言语的辩驳、不用宣告的道理呢？假如有谁能够知道，就称得上是天然的府库。无论注入多少东西，都不会盈满；无论取出多少东西，也不会枯竭。不知这些东西出自哪里，这就叫作"深藏不露的光芒"。

庄子

故昔者尧问于舜曰:"我欲伐宗、脍、胥敖,南面而不释然。其故何也?"舜曰:"夫三子者,犹存乎蓬艾之间,若不释然何哉!昔者十日并出,万物皆照,而况德之进乎日者乎!"

啮(niè)缺问乎王倪曰:"子知物之所同是乎?"曰:"吾恶乎知之!""子知子之所不知邪?"曰:"吾恶乎知之!""然则物无知邪?"曰:"吾恶乎知之!虽然,尝试言之:庸讵(jù)知吾所谓知之非不知邪?

从前,尧曾问舜:"我想征伐宗、脍、胥敖三个小国,每当上朝理事总是心绪不宁,是什么原因呢?"舜回答说:"那三个小国的国君,就像生长于蓬蒿艾草之中,为什么要耿耿于怀放在心上呢?过去十个太阳同时升起,万物都在阳光普照之下,何况崇高的德行又远远超过太阳的光亮呢!"

啮缺问王倪说:"你知道万物相互间总有共同的地方吗?"王倪说:"我怎么知道呢!""你知道你所不知道的东西吗?"王倪回答说:"我怎么知道呢!""那么万物便都无法知道了吗?"王倪回答:"我怎么知道呢!虽然这样,我还是试着来回答你的问题。你怎么知道我所说的'知道'不是'不知道'呢?你又怎么知道我所说的'不知

庸讵知吾所谓不知之非知邪？且吾尝试问乎女：民湿寝则腰疾偏死，鳅然乎哉？木处则惴栗恂（xún）惧，猿猴然乎哉？三者孰知正处？民食刍豢，麋鹿食荐，蝍蛆甘带，鸱（chī）鸦耆鼠，四者孰知正味？猿猵（biān）狙以为雌，麋与鹿交，鳅与鱼游。毛嫱丽姬，人之所美也，鱼见之深入，鸟见之高飞，麋鹿见之决骤，四者孰知天下之正色哉？自我观之，仁义之端，是非之涂，樊然淆乱，吾恶能知其辩！"

道'不是'知道'呢？我试着问问你：人们睡在潮湿的地方就会患腰疾或半身不遂，泥鳅也会这样吗？人们爬到高高的树上就会害怕惶恐，猿猴也会这样吗？人、泥鳅、猿猴三者究竟谁的生活习惯最合乎标准呢？人以牲畜的肉为食物，麋鹿以草为食，蜈蚣爱吃小蛇，猫头鹰和乌鸦则爱吃老鼠。人、麋鹿、蜈蚣、猫头鹰和乌鸦这些动物究竟谁才最懂得美味的标准呢？猿猴把猵狙当作配偶，麋喜欢与鹿交配，泥鳅则与鱼恋爱。毛嫱和丽姬，是人们称道的美人了，可是鱼儿见了她们却潜入深深的水底，鸟儿见了她们则高高飞向天空，麋鹿见了她们会撒开蹄子飞快地逃走。人、鱼、鸟和麋鹿四者究竟谁才懂得美色真正的标准呢？以我来看，仁与义之争，是与非之途，

庄子

啮缺曰:"子不知利害,则至人固不知利害乎?"王倪曰:"至人神矣!大泽焚而不能热,河汉冱(hù)而不能寒,疾雷破山、飘风振海而不能惊。若然者,乘云气,骑日月,而游乎四海之外,死生无变于己,而况利害之端乎!"

瞿鹊子问乎长梧子曰:"吾闻诸夫子:圣人不从事于务,不就利,不违害,不喜求,不缘道,无谓有谓,有谓无谓,而游乎尘垢之外。夫子以

都是纷杂错乱的,我怎么能搞清楚它们之间的分别呢!"

啮缺说:"你不了解利害,那道德修养高尚的至人难道也不知利害吗?"王倪说:"至人实在是神不可测的!林泽焚烧不能使他感到热,黄河、汉水封冻了不能使他感到冷,迅雷撼动山岳、狂风翻江倒海也不能使他胆寒。这样的人,驾驭云气,骑乘日月,在四海之外遨游,死和生对他都不会产生影响,何况利与害这些微不足道的端绪呢!"

瞿鹊子问长梧子道:"我听孔夫子说过:圣人不从事世俗的事务,不贪图私利,不回避灾害,不热衷于贪求,不因循成规;没说什么又好像说了些什么,说了什么又好像什么也没说,遨游于世俗之外。孔夫子认

为孟浪之言,而我以为妙道之行也。吾子以为奚若?"

长梧子曰:"是黄帝之所听荧也,而丘也何足以知之!且女亦大早计,见卵而求时夜,见弹而求鸮(xiāo)炙。

"予尝为女妄言之,女亦以妄听之。奚旁日月,挟宇宙,为其吻合,置其滑涽,以隶相尊?众人役役,圣人愚芚(chūn),参万岁而一成纯。万物尽然,而以是相蕴。

"予恶乎知说生之非惑邪?予恶乎知

为这些都是不着边际轻率不当的言论,而我却认为这正是道的精妙所在。先生,你怎么认为呢?"

长梧子说:"这些话黄帝也会困惑不解的,而孔丘又怎么能够参悟呢!而且你也操之过急了,就像见到鸡蛋便想立即得到报晓的公鸡,见到弹子就想立即烤熟野味一样。

"现在,我姑妄说之,你也姑妄听之。为何能依傍日月,怀藏宇宙,与万物合为一体,置各种纷乱不顾,把卑贱与尊贵都等同起来?众人营营役役,圣人却好像浑然不知,融合了古往今来世事沉浮,浑然不为纷杂芜乱所困。万物都是这样,因为这个缘故相互蕴含于浑朴而又精纯的状态之中。

"我怎么知道喜欢活着不是一种迷惑呢?我又怎么知道厌

恶死之非弱丧而不知归者邪？丽之姬，艾封人之子也。晋国之始得之也，涕泣沾襟；及其至于王所，与王同筐床，食刍豢，而后悔其泣也。予恶乎知夫死者不悔其始之蕲（qí）生乎？

"梦饮酒者，旦而哭泣；梦哭泣者，旦而田猎。方其梦也，不知其梦也。梦之中又占其梦焉，觉而后知其梦也。且有大觉，而后知此其大梦也，而愚者自以为觉，窃窃然知之。君乎！牧乎！固哉！丘也与女皆梦也，予谓

恶死亡不是像自幼流落在外而老了还不知返回家乡那样呢？丽姬是艾地驻守边疆之人的女儿，晋国征伐丽戎时得到了她，她当时哭得衣襟都湿透了；等她到了晋国进入王宫，跟晋侯同睡一床而被宠为夫人，吃着美味珍馐，恐怕后悔当初会那样伤心地哭泣了吧。我又怎么知道那些死去的人不会后悔当初的祈求生存呢？

"梦里梦到饮酒作乐，醒来后很可能痛哭饮泣；睡梦中痛哭饮泣的人，醒来后可能在快乐地打猎。当人们在做梦的时候，并不知道自己是在做梦。睡梦中还会占问所梦之吉凶，醒来后才发现自己是在做梦。只有大彻大悟的人才知道人生不过是一场大梦，而蒙昧的人却自以为清醒，以为自己什么都知道。所谓君尊臣卑，都是浅陋的看法呀！孔丘和你都

女梦亦梦也。是其言也，其名为吊诡。万世之后，而一遇大圣，知其解者，是旦暮遇之也。

"既使我与若辩矣，若胜我，我不若胜，若果是也？我果非也邪？我胜若，若不吾胜，我果是也？而果非也邪？其或是也？其或非也邪？其俱是也？其俱非也邪？我与若不能相知也。则人固受其黮（dǎn）暗，吾谁使正之？使同乎若者正之，既与若同矣，恶能正之？使同乎我者正之，既同乎我矣，

是在做梦，我说你们在做梦，其实我也在做梦。上面我讲的这番话，可以起名为诡异的言谈。万世之后假若一朝遇上一位大圣人，悟出上述一番话的道理，也如同早晚之间遇到一样吧！

"假使我和你辩论，你胜了我，我没有胜你，你果真就对吗？我果真就错吗？如果我胜了，你输了，我就真的对吗？你就真的错吗？一定有一人对、一人错吗？就不是两人都是正确或都错误吗？我和你都无从知道。人们原本都固守偏见，我们又能让谁做出正确的裁定呢？让观点和你相同的人来判定吗？既然他的看法和你相同，又怎么能做出公正的评判呢！或者让观点和我相同的人来判定吗？他如果和我相同，也是不能做出公正的评判！让观点不同于我和你的人来

恶能正之？使异乎我与若者正之，既异乎我与若矣，恶能正之？使同乎我与若者正之，既同乎我与若矣，恶能正之？然则我与若与人俱不能相知也，而待彼也邪？化声之相待，若其不相待。和之以天倪，因之以曼衍，所以穷年也。

"何谓和之以天倪？曰：是不是，然不然。是若果是也，则是之异乎不是也亦无辩；然若果然也，则然之异乎不然也亦无辩。忘年忘义，振于无竟，故寓诸

判定吗？他已经不同于我和你，又怎么能评判呢！让观点跟我和你都相同的人来判定吗？既然看法跟我和你都相同，又怎么能做出公正的评判！既然如此，我和你跟大家都无从知道这一点，为什么还要等别人来评判呢？不同的言辞相互对立，其实它们之间没有什么可以对立的，都不能相互做出公正的评判。用自然的分际来调和它，用无尽的变化来顺应它，还是用这样的办法来了此一生吧。

"什么叫'以自然的分界调和一切'呢？就是有'是'就有'不是'，有'对'就有'不对'。'是'如果真的是'是'，那么'是'与'不是'的对立就无须争辩了；'对'如果真的是对的，则它与'不对'的对立也就无须争辩了。忘掉死生，忘掉

内篇　齐物论第二

无竟。"

周两问景曰:"曩（nǎng）子行,今子止;曩子坐,今子起。何其无特操与?"景曰:"吾有待而然者邪?吾所待又有待而然者邪?吾待蛇蚹（fù）蜩翼邪?恶识所以然?恶识所以不然?"

昔者庄周梦为胡蝶,栩栩然胡蝶也。自喻适志与！不知周也。俄然觉,则蘧蘧然周也。不知周之梦为胡蝶与?胡蝶之梦

是非,到达无穷无尽的境界,因此圣人总把自己寄托于无穷无尽的境域之中。"

影子之外的微阴问影子:"刚才你行走,现在又停下了;刚才你坐着,如今又站了起来。你怎么这么没有自己独立的操守呢?"影子回答说:"我是有所依凭才这样的吗?我所依凭的东西又有所依凭才这样的吗?我所依凭的东西难道像蛇的蚹鳞和鸣蝉的翅膀吗?我怎么知道究竟什么缘故才会是这样呢?我又怎么知道是什么缘故而不会这样呢?"

从前,庄周梦见自己变成蝴蝶,欣然自得地飞舞着的一只蝴蝶,感到多么愉快和惬意啊！他在梦里根本不知道自己是庄周。突然间醒来,迷茫不定之间,方知"原来是我庄周"。不知是庄

庄子

为周与？周与胡蝶，则必有分矣。此之谓物化。

周梦见自己变成蝴蝶呢，还是蝴蝶梦见自己变成庄周？庄周与蝴蝶之间，必定是存在分别的，这就叫作"物化"。

养生主第三

吾生也有涯,而知也无涯。以有涯随无涯,殆已!已而为知者,殆而已矣!

为善无近名,为恶无近刑,缘督以为经,可以保身,可以全生,可以养亲,可以尽年。

人们的生命是有限的,而智识却是无限的。以有限的生命去追求无限的智识,势必体乏神伤,既然如此还在不停地追求,那可真是十分危险的了!

做了世俗所谓的善事不求名声,做了世俗所谓的恶事不遭刑戮。遵从自然之路作为顺应事物的常法,就可以保护自身,保全天性,可以养护身体,

庄子

终享天年。

庖丁为文惠君解牛,手之所触,肩之所倚,足之所履,膝之所踦(yǐ),砉(xū)然响然,奏刀騞(huō)然,莫不中音,合于《桑林》之舞,乃中《经首》之会。

文惠君曰:"嘻,善哉!技盖至此乎?"

庖丁释刀对曰:"臣之所好者道也,进乎技矣。始臣之解牛之时,所见无非牛者;三年之后,未尝见全牛也;方

庖丁为文惠君宰牛,手接触的地方,肩倚靠的地方,脚踩踏的地方,膝抵住的地方,都发出砉砉的声响,进刀时刷刷的声音,无不符合音律的节奏,像《桑林》舞曲的节奏,又像《经首》乐曲的乐律。

文惠君说:"哈,妙呀!你的技术怎么达到如此高超的地步呢?"

庖丁放下刀回答说:"我喜欢探索事物的规律,比起学习一名厨师的技术更加热衷。起初,我宰牛时,所看见的不过是一头牛;几年后,看到的就不再是整体的牛了;到现在,我只用心神

今之时，臣以神遇而不以目视，官知止而神欲行。依乎天理，批大郤（xì），导大窾（kuǎn），因其固然。技经肯綮（qìng）之未尝，而况大軱（gū）乎！良庖岁更刀，割也；族庖月更刀，折也；今臣之刀十九年矣，所解数千牛矣，而刀刃若新发于硎（xíng）。彼节者有间，而刀刃者无厚，以无厚入有间，恢恢乎其于游刃必有余地矣。是以十九年而刀刃若新发于硎。虽然，每至于族，吾见其难为，怵然为戒，视为止，行

来领会而不必用眼睛去观察，不依靠官能而是靠精神去感知。依照牛体自然的生理结构，劈开肌肉骨骼间大的缝隙，把刀导向骨节间大的空隙，顺着牛的自然结构去解剖。熟练到连经络骨肉连接的地方都不会碰到，何况那些大骨头呢！优秀的厨师一年换一把刀，因为他们用刀割肉；普通的厨师一个月换一把刀，因为他们用刀砍骨头。我使用的这把刀，已经十九年没有换过了，宰杀了几千头牛，而刀刃锋利得就像刚在磨刀石上磨过一样。牛骨节之间是有空隙的，而刀刃几乎没有厚度，用薄薄的刀刃插入有空隙的骨节间，对于刀刃的运转和回旋来说是非常宽绰而有余地的。这就是为什么我的刀用了十九年而刀刃仍像刚磨过的一样锋利。虽然这样，每当遇上筋骨

庄子

为迟，动刀甚微，謋（huò）然已解，如土委地。提刀而立，为之四顾，为之踌躇满志，善刀而藏之。"

文惠君曰："善哉！吾闻庖丁之言，得养生焉。"

公文轩见右师而惊曰："是何人也？恶乎介也？天与？其人与？"曰："天也，非人也。天之生是使独也，人之貌有与也。以是知其天也，非人也。"

交错的地方，我知道难于下刀，所以会格外谨慎，目光专注，动作缓慢，微微动刀，牛就哗啦全部分解开来，就像泥土散落在地上一样。这时，我提刀站在那儿，环顾四周，为此而踌躇满志，这才擦拭好刀，收藏起来。"

文惠君说："妙啊，我听了庖丁这一番话，从中得到了养生的道理。"

公文轩见到右师大吃一惊，说："这是什么人？怎么只有一只脚呢？是天生就是这样，还是人为造成的呢？"右师说："天生成的，不是人为造成的。老天爷生就了我这样一副形体，让我只有一只脚，人的样貌完全是上天所赋予的。所以知道是天生的，而不是人为的。"

泽雉十步一啄，百步一饮，不蕲（qí）畜乎樊中。神虽王，不善也。

老聃死，秦失吊之，三号而出。弟子曰："非夫子之友邪？"曰："然。""然则吊焉若此，可乎？"曰："然。始也吾以为其人也，而今非也。向吾入而吊焉，有老者哭之，如哭其子；少者哭之，如哭其母。彼其所以会之，必有不蕲言而言，不蕲哭而哭者。是遁天倍情，忘

沼泽边的野鸡走十步才能找到一口食物，走百步才能喝到一口水，可是它并不会祈求被豢养在笼子里。精神虽然旺盛，但行动不自由。

老聃死了，秦失去吊丧，大哭几声便离开了。老聃的弟子问道："你不是我们老师的朋友吗？"秦失说："是朋友。"又问："那么吊唁朋友像你这样，行吗？"秦失说："可以的。原来我认为你们跟随老师多年应该都是超脱物外的人了，现在看来并不是这样。刚才我进入灵房去吊唁，有老年人在哭他，像父母在哭自己的孩子一样；有年轻人在哭他，像孩子哭自己的母亲一样。他们之所以这样，一定是本不想说什么却情不自禁地诉说了

其所受,古者谓之遁天之刑。适来,夫子时也;适去,夫子顺也。安时而处顺,哀乐不能入也,古者谓是帝之县解。"

指穷于为薪,火传也,不知其尽也。

什么,本不想哭泣却情不自禁地痛哭起来。这是逃避自然、违背实情的,他们都忘掉了人是秉承于自然、受命于天的道理,古时候人们称这种做法为背离自然的惩罚。到了该来的时候,你们的老师他应时而生;到了该走的时候,你们的老师他顺理而死。安于天理和常分,顺从自然和变化,哀伤和欢乐便都不能进入心怀,古时候人们称这种做法为天然的解脱。"

烛薪总会燃尽,而火种却传续下来,永远不会熄灭。

〔南宋〕佚名《群鱼戏藻图》

〔南宋〕李唐《濠梁秋水图》

〔南宋〕马远《高士携鹤图》

〔明〕佚名《蝶戏图》

〔北宋〕赵昌《写生蛱蝶图》

〔明〕石锐《轩辕问道图》（局部）

定乎內外之分辯乎榮辱之境斯已矣彼其於世未數數然也雖然猶有未樹也夫列子御風而行泠然善也旬有五日而後反彼於致福者未數數然也

雖免乎行猶有所待者也若夫乘天地之正而御六氣之辯以遊無窮者彼且惡乎待哉故曰至人無己神人無功聖人無名

堯讓天下于許由曰日月出矣而爝火不息其於光也不亦難乎時雨降矣而猶浸灌其於澤也不亦勞乎夫子立而天下治而我猶尸之吾自視缺然請致天下許由曰子治天下天下既已治也而我猶代子吾將為名乎名者實之賓也吾將為賓乎鷦鷯巢于深林不過一枝偃鼠飲河不過滿腹歸休乎君予無所用天下為庖人雖不治庖尸祝不越樽俎而代之矣

肩吾問于連叔曰吾聞言於接輿大而無當往而不反吾驚怖其言猶河漢而無極也大有逕庭不近人情焉連叔曰其言謂何哉曰藐姑射之山有神人居焉肌膚若冰雪綽約若處子不食五穀吸風飲露乘雲氣御飛龍而遊乎四海之外其神凝使物不疵厲而年穀熟吾以是狂而不信也連叔曰然瞽者無以與乎文章之觀聾者無以與乎鐘鼓之聲豈惟形骸有聾盲哉夫知亦有之是其言也猶時女也之人也之德也將旁礴萬物以為一世蘄乎亂孰弊弊焉以天下為事之人也物莫之傷大浸稽天而不溺大旱金石流土山焦而不熱是其塵垢粃糠將猶陶鑄堯舜者也孰肯以物為事宋人資章甫適諸越越人斷髮文身無所用之堯治天下之民平海內之政往

南華真經內七篇

逍遙遊

北冥有魚其名為鯤鯤之大不知其幾千里也化而為鳥其名為鵬鵬之背不知其幾千里也怒而飛其翼若垂天之雲是鳥也海運則將徙於南冥南冥者天池也齊諧者志怪者也諧之言曰鵬之徙於南冥也水擊三千里摶扶搖而上者九萬里去以六月息者也野馬也塵埃也生物之以息相吹也天之蒼蒼其正色邪其遠而無所至極耶其視下也亦若是則

已矣且夫水之積也不厚則負大舟也無力覆杯水於坳堂之上則芥為之舟置杯焉則膠水淺而舟大也風之積也不厚則其負大翼也無力故九萬里則風斯在下矣而後乃今培風背負青天而莫之夭閼者而後乃今將圖南蜩與學鳩笑之曰我決起而飛搶榆枋時則不至而控於地而已矣奚以之九萬里而南為適莽蒼者三餐而反腹猶果然適百里者宿舂糧適千里者三月聚糧之二蟲又何知小知不及大知小年不及大年奚以知其然也朝菌不知晦朔蟪蛄不知春秋此小年也楚之南有冥靈者以五百歲為春五百歲為秋上古有大椿者以八千歲為春八千歲為秋而彭祖乃今以久特聞眾人匹之不亦

悲乎湯之問棘也是已窮髮之北有冥海者天池也有魚焉其廣數千里未有知其修者其名為鯤有鳥焉其名為鵬背若泰山翼若垂天之雲摶扶搖羊角而上者九萬里絕雲氣負青天然後圖南且適南冥也斥鴳笑之曰彼且奚適也我騰躍而上不過數仞而下翱翔蓬蒿之間此亦飛之至也而彼且奚適也此小大之辯

〔明〕吴伟《北海真人像》

〔清〕金廷标《濠梁图》

〔明〕周臣《北溟图》(局部)

〔清〕华嵒 《列子御风图》

人间世第四

颜回见仲尼，请行。曰："奚之？"曰："将之卫。"曰："奚为焉？"曰："回闻卫君，其年壮，其行独。轻用其国，而不见其过。轻用民死，死者以国量乎泽若蕉，民其无如矣！回尝闻之夫子曰：'治

颜回拜见孔子，请求同意他出远门。孔子问："到哪里去？"颜回答："要去卫国。"孔子问："去卫国干什么呢？"颜回说："我听说卫国的国君很年轻，行事专断；处理政事很轻率，却看不到自己的过失；用兵役使很轻率，不顾及百姓死活，卫国的死人已经布满山泽，像草芥一样，百姓无所归依。我曾听先生您说

国去之,乱国就之。医门多疾。'愿以所闻思其则,庶几其国有瘳(chōu)乎!"

仲尼曰:"嘻!若殆往而刑耳!夫道不欲杂,杂则多,多则扰,扰则忧,忧而不救。古之圣人,先存诸己而后存诸人。所存于己者未定,何暇至于暴人之所行!

"且若亦知夫德之所荡而知之所为出乎哉?德荡乎名,知出乎争。名也者,相轧也;知也者,争之器也。二者凶器,非

过:'安定的国家可以离开,动荡的国家可以前往,就像医生门前病人多一样。'我希望根据先生的教诲想出治理卫国的办法,或许这样卫国还可以有救吧!"

孔子说:"唉!你去了恐怕会遭到杀害啊!大道是不能掺杂的,杂乱会繁衍出诸多事端,诸事繁多就会心生扰乱,心乱就会产生忧患,忧患多了也就自身难保,更何况拯救国家。古时候的圣人,都是先充实自己然后才去扶助他人。如今自己还不能立足,哪里有能力去纠正暴君的行为呢?

"而且,你是否懂得道德失常而智慧外露的原因呢?道德的失常在于追求名声,智慧的外露在于争强好胜。名声是互相倾轧的原因,智慧是互相争斗的工具。二者都像是凶器,不能将它

所以尽行也。

"且德厚信矼（qiāng），未达人气；名闻不争，未达人心。而强以仁义绳墨之言术暴人之前者，是以人恶有其美也，命之曰灾人。灾人者，人必反灾之。若殆为人灾夫。

"且苟为悦贤而恶不肖，恶用而求有以异？若唯无诏，王公必将乘人而斗其捷。而目将荧之，而色将平之，口将营之，容将形之，心且成之。是以火救火，以水救水，名之曰益多。顺始无穷，若殆

们推行于世。

"况且，一个人虽然德行纯厚诚实笃守，可未必能和别人声气相通；一个人虽然不争名夺誉，可未必能得到众人的理解。而勉强在暴君面前推行仁义和规范的言论，就好比用别人的丑行来彰显自己的美德，这样的做法可以说是害人。害人的人一定会被别人所害，你这样做恐怕会遭到别人的伤害的呀！

"假如说卫君喜好贤能而讨厌恶人，哪里还用得着等你去改变什么？除非你不说什么，否则卫君一定会抓住你偶然说漏嘴的地方和你进行争辩。到时候你必将眼花缭乱，而面色故作平和，说话也将自顾不暇，于是面露迁就，内心也就姑且顺从他的主张了。这就像是用火救火，用水救水，可以说是错上加错。有了依

以不信厚言，必死于暴人之前矣！

"且昔者桀杀关龙逢，纣杀王子比干，是皆修其身，以下伛拊人之民，以下拂其上者也，故其君因其修以挤之。是好名者也。昔者尧攻丛枝、胥敖，禹攻有扈。国为虚厉，身为刑戮。其用兵不止，其求实无已，是皆求名实者也，而独不闻之乎？名实者，圣人之所不能胜也，而况若乎！虽然，若必有以也，尝以语我来。"

顺他的开始，以后所依顺他的便会没完没了，假如他不能取信你的厚言进谏，那么你一定会死在这位暴君面前！

"从前，夏桀杀关龙逢，商纣杀比干，都是因为他们注重自身的道德修养而以臣下的地位抚爱百姓，同时也以臣下的地位违逆了国君，所以他们的国君就因为他们修养高尚而排斥他们、杀害他们。这就是好名声的结果。当年，尧征伐丛枝和胥敖，禹攻打有扈，这些国家的土地都变为废墟，人民死尽，国君被杀戮。原因就是他们不停使用武力，贪求别国的土地和人口。这些都是求名好利的结果，你难道没有听说过吗？名利的欲望，即使圣人也不可能超越，何况是你呢？即便这样，你必定是有你的想法，就说给我听听吧！"

颜回曰:"端而虚,勉而一,则可乎?"

曰:"恶!恶可!夫以阳为充孔扬,采色不定,常人之所不违,因案人之所感,以求容与其心,名之曰日渐之德不成,而况大德乎!将执而不化,外合而内不訾,其庸讵可乎!"

"然则我内直而外曲,成而上比。内直者,与天为徒。与天为徒者,知天子之与己,皆天之所子,而独以己言蕲乎而人善之,蕲乎而人不

颜回说:"我外表端庄内心谦虚,勤奋努力终始如一,这样是否就可以了呢?"

孔子说:"唉,这怎么可以呢!卫君骄纵暴烈,盛气凌人,喜怒无常,一般人都不敢对他有丝毫违逆,他也压制别人对他的看法和不同观点,以此放纵自己的欲望。可以说每日用小小的规劝都不会对他有所感化,更何况用大德来劝导呢?他必将固守己见不会改变,表面赞同而内心必定不会接受。你的想法怎么能行得通呢?"

颜回说:"那么,我就内心诚直而外表曲就,讲述古往今来的大道理并处处以古代贤人为榜样。内心诚直,这就是与自然为同类。跟自然为同类,可知国君与自己都是天地养育的孩子,既然如此我又何必宣扬自己的言论

善之邪？若然者，人谓之童子，是之谓与天为徒。外曲者，与人之为徒也。擎跽曲拳，人臣之礼也。人皆为之，吾敢不为邪？为人之所为者，人亦无疵焉，是之谓与人为徒。成而上比者，与古为徒。其言虽教，谪之实也，古之有也，非吾有也。若然者，虽直而不病，是之谓与古为徒。若是则可乎？"

仲尼曰："恶！恶可！大多政法而不谍。虽固，亦无罪。虽然，止是耳矣，夫胡可以及化！犹师心

而在意人们是不是赞同呢？像这样做，人们就会认为我保有赤子之心，这就叫和自然为同类。外表曲就的人，是和世人同类的。手持朝笏躬身下拜，这是做臣子的礼节，别人都这样做，我敢不这样做吗？做一般人臣都做的事，人们也就不会责怪我，这就叫和世人为同类。尊古并处处以古代贤人为榜样，是跟古人为同类。这些言论很有教益，其实是针砭时弊的。自古以来人们都这样做，并不是只有我才这样做。如果这样，即使刚正不阿也不会受到伤害，这就叫和古人为同类。这样做是不是就可以了呢？"

孔子说："唉，这怎么可以呢？规则太多，就会出现差错。虽然固陋不化，也只不过是无功无过。这么做也仅此而已啊，又怎么谈得到感化他人呢！你似乎

者也。"

颜回曰:"吾无以进矣,敢问其方。"

仲尼曰:"斋,吾将语若。有心而为之,其易邪?易之者,皞(hào)天不宜。"

颜回曰:"回之家贫,唯不饮酒不茹荤者数月矣。如此则可以为斋乎?"

曰:"是祭祀之斋,非心斋也。"

回曰:"敢问心斋。"

仲尼曰:"若一志,无听之以耳,而听之以心;无听之以心,而听之以气。听

太执着于自己内心的成见了!"

颜回说:"我没有更好的办法了,请问您有什么好方法呢?"

孔子说:"你先斋戒清心,我再告诉你。怀着既成之心去做事,哪里有那么容易呢?如果真的以为会很容易的,苍天也会认为是不对的。"

颜回说:"我颜回家境贫穷,不饮酒浆、不吃荤食已经好几个月了,像这样应该可算是斋戒了吧?"

孔子说:"你所说的,是祭祀前的所谓斋戒,并不是我说的'心斋'。"

颜回说:"请问什么是'心斋'呢?"

孔子说:"你要摒除杂念,专心一致,不用耳朵去听,而用心去领悟;不用心去领悟,而用气去感应!对于耳朵而言,听到

止于耳，心止于符。气也者，虚而待物者也。唯道集虚。虚者，心斋也。"

颜回曰："回之未始得使，实自回也；得使之也，未始有回也，可谓虚乎？"

夫子曰："尽矣！吾语若：若能入游其樊而无感其名，入则鸣，不入则止。无门无毒，一宅而寓于不得已，则几矣。绝迹易，无行地难。为人使易以伪，为天使难以伪。闻以有翼飞者矣，未闻以无翼飞者

便罢了；对于心而言，了解到便罢了。而气，空明虚无，可容纳宇宙万物，惟其如此，大道才能进入。虚无空明的心境就叫作'心斋'。"

颜回说："当我不曾领会'心斋'的意思的时候，真切地感受到自我的存在；如今我领会到您所说的'心斋'，便感觉不到自己的存在。这算得上是虚无空明的境界吗？"

孔子说："你对'心斋'的理解十分到位了。我告诉你，假如能够在争名夺利的环境中自由出入而又不为名利所动，能采纳你的观点就劝说，不能采纳你的意见就不说。没有门路、没有旁径可循，凝心聚神将自己置于无可奈何的境地，差不多接近'心斋'的要求了。一个人不走路容易，不在地上留下痕迹却很难。

也；闻以有知知者矣，未闻以无知知者也。瞻彼阕者，虚室生白，吉祥止止。夫且不止，是之谓坐驰。夫徇耳目内通而外于心知，鬼神将来舍，而况人乎！是万物之化也，禹、舜之所纽也，伏羲、几蘧之所行终，而况散焉者乎！"

受人欲的驱遣容易伪装，受天道的驱遣却很难隐藏。听说过有翅膀飞上蓝天的，却没听过没有翅膀也能飞翔的；听说过有知识才了解事物，却不曾听说过没有知识也可以了解事物。你看空明之心，因为心的空明而光明洁白得以存留，吉祥与福祉止于凝静之心。至此还不能凝止，这就叫形坐神驰。倘若让耳目感观向内通达而排除心机，鬼神也会前来依附，何况是人呢！以此万物都可以感化，这也是禹和舜行事的关键，伏羲、几蘧所始终遵循的道理，何况是普通人呢！"

叶公子高将使于齐，问于仲尼曰："王使诸梁也甚重。齐之待使者，盖将甚

叶公子高将要出使齐国，向孔子请教："楚王交给我的使命责任重大。齐国对待外来使节总是表面恭敬而内心怠慢。一个普

55

庄子

敬而不急。匹夫犹未可动，而况诸侯乎！吾甚栗之。子常语诸梁也，曰：'凡事若小若大，寡不道以欢成。事若不成，则必有人道之患；事若成，则必有阴阳之患。若成若不成，而后无患者，唯有德者能之。'吾食也执粗而不臧，爨（cuàn）无欲清之人。今吾朝受命而夕饮冰，我其内热与！吾未至乎事之情，而既有阴阳之患矣！事若不成，必有人道之患，是两也，为人臣者不足以任之，子其有以语我来！"

通的老百姓尚且不易说服，何况是诸侯呢！我很担心。您常对我说：'事情无论大小，很少有不符合道而获得圆满结果的。事情如果办不成功，那么必定会受到国君惩罚；事情如果办成功了，那又一定会体内阴阳气息激荡导致病患。无论事情办成功或者办不成功都不会留下祸患的，只有道德高尚的人才能做到。'我每天吃的都是粗糙的食物，不追求食物精美，烹饪的人也就无须解凉散热。我今天早上接受国君诏命，到了晚上就想饮用冰水，这是因为我内心焦躁担忧吧！我还不曾接触到事情真相就已经体内阴阳气息激荡导致患病。如果事情最后办不成，那一定还会受到国君的惩罚。成与不成这两种结果，做臣子的我都不足以承担，先生您有什么可以教导我

仲尼曰："天下有大戒二：其一命也，其一义也。子之爱亲，命也，不可解于心；臣之事君，义也，无适而非君也，无所逃于天地之间。是之谓大戒。是以夫事其亲者，不择地而安之，孝之至也；夫事其君者，不择事而安之，忠之盛也；自事其心者，哀乐不易施乎前，知其不可奈何而安之若命，德之至也。为人臣子者，固有所不得已。行事之情而忘其身，何暇至于悦生而恶死！夫子其行可矣！

的呢！"

孔子说："天下有两个足以为戒的大法：一是天命，一是道义。儿女爱双亲，这是自然的天性，是无法解释的；臣子侍奉国君，这是人为的道义，天下无论任何国家都不会没有君主的统治，这是无法逃避的现实。这就是人们所说的足以为戒的大法。所以，子女侍奉双亲，无论什么样的境遇都要使父母安适，这是孝心的最高表现；臣子侍奉国君，无论遇到什么事都要让国君放心，这是尽忠的极点。注重内心修养的人，不易受到悲欢情绪的影响，知道世事艰难、无可奈何却又能安之若素、顺其自然，这就是道德修养的最高境界。做臣子的，原本就会有不得已的事情。遇事要能把握真情并忘记自身，哪里还顾得上贪生怕死呢！

"丘请复以所闻：凡交近则必相靡以信，远则必忠之以言。言必或传之。夫传两喜两怒之言，天下之难者也。夫两喜必多溢美之言，两怒必多溢恶之言。凡溢之类妄，妄则其信之也莫，莫则传言者殃。故法言曰：'传其常情，无传其溢言，则几乎全。'且以巧斗力者，始乎阳，常卒乎阴，泰至则多奇巧；以礼饮酒者，始乎治，常卒乎乱，泰至则多奇乐。凡事亦然，始乎谅，常卒乎鄙；其作始也

你这样去做就可以了！

"我还是把我所听到的道理再告诉你：大凡国家交往，邻近的国家一定要靠信义来维系，而与远方国家交往则必定要忠于自己的言论。国家间交往的言论需要使臣去传达。传递两国国君喜怒的言辞，乃是天下最困难的事。两国国君喜悦的言辞必定添加了许多过分的夸赞，两国国君愤怒的言辞必定添加了许多过度的憎恶。凡是过度的言论都是失真的，失真的言辞就会让人产生怀疑，国君如果对所传达信息产生怀疑，使臣就要遭殃。所以古时候的格言说：'传达平实的言辞，不要传达过分的话语，那么也就差不多可以保全自己了。'况且以智巧相互较量的人，开始时都是直来直去的，到后来就常常暗使阴谋，达到极致时则会

简,其将毕也必巨。

"夫言者,风波也;行者,实丧也。风波易以动,实丧易以危。故忿设无由,巧言偏辞。兽死不择音,气息茀然,于是并生心厉。克核大至,则必有不肖之心应之,而不知其然也。苟为不知其然也,孰知其所终!故法言曰:'无迁令,无劝成。过

使出很多诡计。按照礼节饮酒的人,开始时规规矩矩合乎人情,到后来常常就一片混乱,大失礼仪,达到极点时则荒诞淫乐、放纵无度。任何事情都是这样:开始时相互信任,到头来互相欺诈;开始时单纯清简,到最后必将纷繁巨大。

"言语就像风吹水波,传达言语必定会有得失。风波容易造成动荡,有了得失就会出现危难。所以有时候愤怒发作没有什么来由,仅仅是因为言辞虚浮且片面失当造成的。猛兽临死时,会发出怪叫,气息急促不定,于是会产生伤人的恶念。凡事逼迫得太过分了,对方必会产生不好的念头来应对,而自己还不知道究竟为什么会这样。假如做了些什么而自己却又不知道是怎么回事,谁还能知道他会有怎

度益也。'迁令劝成殆事。美成在久，恶成不及改，可不慎与！且夫乘物以游心，托不得已以养中，至矣。何作为报也！莫若为致命，此其难者！"

样的结果呢！所以古时候的格言说：'不要随意改变已经下达的命令，不要勉强他人去做力不从心的事，凡事过了头一定会溢出来。'改变成命或强人所难都是危险的，成就一桩好事要经历很长的时间，坏事一旦做出悔改是来不及的。所以，行为处世能不审慎吗！顺应自然而使心志自在悠然，一切都寄托于无可奈何以养蓄自己的精气神智，这就是最好的了。有什么必要执着于作为以求回报呢！不如原原本本地传达国君所给的使命，这样做已经很困难了！"

颜阖将傅卫灵公太子，而问于蘧（qú）伯玉曰："有人于此，其德天杀。与

颜阖被请去做卫国太子的师傅，他向卫国贤大夫蘧伯玉请教说："如今有这样一个人，他的天性凶残嗜杀。和他相处，如果

之为无方，则危吾国；与之为有方，则危吾身。其知适足以知人之过，而不知其所以过。若然者，吾奈之何？"

蘧伯玉曰："善哉问乎！戒之，慎之，正汝身也哉！形莫若就，心莫若和。虽然，之二者有患。就不欲入，和不欲出。形就而入，且为颠为灭，为崩为蹶；心和而出，且为声为名，为妖为孽。彼且为婴儿，亦与之为婴儿；彼且为无町（tǐng）畦，亦与之为无町畦；彼且为无

不用法度与规范约束，势必危害自己的国家；如果使用法度和规范约束，那又会危害自身。他的智慧足以了解别人的过失，却不了解为什么会出现这样的过错。遇到像这样的情况，我该怎么办呢？"

蘧伯玉说："问得好啊！要警惕，要谨慎，首先要端正你自己！表面上不如顺从依就以示亲近，内心里不如顺其秉性暗暗疏导。即使这样，这两种态度仍有隐患。与他亲近不要关系过密，疏导秉性不要太过显露。关系过密会招致颠覆毁灭，疏导太过显露会被认为是争夺名声，也会招致祸害。他如果像个天真的孩子一样，你也姑且跟他一样像个无知无识的孩子；他如果和你不分彼此，那么你也就和他不分彼此；他如果跟你无拘无束，

崖，亦与之为无崖。达之，入于无疵。

"汝不知夫螳螂乎？怒其臂以当车辙，不知其不胜任也，是其才之美者也。戒之，慎之，积伐而美者以犯之，几矣！

"汝不知夫养虎者乎？不敢以生物与之，为其杀之之怒也；不敢以全物与之，为其决之之怒也。时其饥饱，达其怒心。虎之与人异类，而媚养己者，顺也；故其杀者，逆也。

那么你也姑且跟他一样无拘无束。慢慢地将他思想疏通引入正轨，便可进一步达到没有过错的地步。

"你不知道那螳螂吗？奋力抬起它的臂膀去阻挡滚动的车轮，却不知道自己的力量全然不能胜任，这是因为把自己的才能看得太高的缘故。要警惕，要谨慎呀！经常夸耀自己的才智而触犯了他，就危险了！

"你不了解那养虎的人吗？他从不敢用活物去喂养老虎，因为他担心扑杀活物会激起老虎凶残的本性；他也从不敢用整个的动物去喂养老虎，因为他担心撕裂动物也会诱发它残暴的怒气。了解老虎饥饱的时刻，以通晓老虎暴戾凶残的秉性。虎与人不是同类，却向驯养自己的人摇尾乞怜，原因就是养虎人能顺应老虎

"夫爱马者，以筐盛矢，以蜄盛溺。适有蚊虻仆缘，而拊之不时，则缺衔毁首碎胸。意有所至，而爱有所亡。可不慎邪？"

匠石之齐，至于曲辕，见栎（lì）社树。其大蔽数千牛，絜（xié）之百围，其高临山，十仞而后有枝，其可以为舟者旁十数。观者如市，匠伯不顾，遂行不辍。

的性子，而那些遭到虐杀的人，是因为触犯了老虎的性情。

"爱马的人，以精细的竹筐装马粪，用珍贵的蛤壳接马尿。忽然发现一只蚊虻叮在马身上，爱马之人随手拍击，没想到马儿受惊便咬断勒口、挣断辔头、弄坏胸络。意在爱马却适得其反，能不谨慎吗！"

匠人石到齐国去，来到曲辕，看见一棵长在土地神社里的栎树。这棵栎树的树冠大到可以遮蔽数千头牛，用绳子绕着树干一周，足有几十丈粗，树梢和山一样高，离地面好几丈处才分枝，可供造十余艘大船。观赏的人群像赶集似地涌来涌去，而这位匠人连瞧也不瞧一眼，不停步地一直走过去。

庄子

弟子厌观之，走及匠石，曰："自吾执斧斤以随夫子，未尝见材如此其美也。先生不肯视，行不辍，何邪？"

曰："已矣，勿言之矣！散木也。以为舟则沉，以为棺椁则速腐，以为器则速毁，以为门户则液樠（mán），以为柱则蠹，是不材之木也。无所可用，故能若是之寿。"

匠石归，栎社见梦曰："女将恶乎比予哉？若将比予于文木邪？夫柤（zhā）梨橘柚果蓏（luǒ）之

他的徒弟站在树旁看了个够，跑着赶上了匠人石，说："自我拿起刀斧跟随先生，从不曾见过这样壮美的树木。可是先生却不肯看一眼，不住脚地往前走，这是为什么呢？"

匠人石回答说："算了，不要再说它了！这是一棵没什么用处的树，用它做成船定会很快沉没，用它做成棺椁定会很快朽烂，用它做成器皿会很快毁坏，用它做成屋门会流下树脂而不能闭合，用它做成屋柱会被虫蛀。这是一棵不材的树。没有什么用处，所以它才能有这么长的寿命。"

匠人石回到家里，晚上梦见社树对他说："你要用什么东西跟我相比呢？你打算拿那些可用之木来跟我相比吗？那些楂、梨、橘、柚之类果树，果实成

属，实熟则剥，剥则辱，大枝折，小枝泄。此以其能苦其生者也。故不终其天年而中道夭，自掊击于世俗者也。物莫不若是。且予求无所可用久矣！几死，乃今得之，为予大用。使予也而有用，且得有此大也邪？且也若与予也皆物也，奈何哉其相物也？而几死之散人，又恶知散木！"

匠石觉而诊其梦。弟子曰："趣取无用，则为社何邪？"

熟后要被打落在地，打落果子以后枝干也就会遭受摧残，大的枝干被折断，小的枝丫被拉拽。正是因为它们能结出鲜美果实才苦了自己的一生，所以常常不能终享天年而半途夭折了，这就是自身显露出好处才招来了世俗的打击。世上的一切事物莫不如此。我寻求让自己没有用处的办法已经很久很久了，几乎被砍死，这才保全住性命，无用就是我最大的用处。假如我果真是有用，还能够这样壮大茂盛吗？况且你和我都是'物'，为什么要将我和那些树木相比呢？你不过是几近死亡的没有用处的人，又怎么会真正懂得没有用处的树木呢！"

匠人石醒来后，把梦中的情形讲给他的弟子。弟子说："它意在求取无用，那么又做什么社树让世人瞻仰呢？"

庄子

曰："密！若无言！彼亦直寄焉！以为不知己者诟厉也。不为社者，且几有翦乎！且也彼其所保与众异，而以义喻之，不亦远乎！"

匠人石说："闭嘴，别说了！它只不过是寄身罢了，反而招致不了解自己的人的辱骂和伤害。如果它不做社树的话，岂不是遭到砍伐了吗？况且它用来保全自己的办法与众不同，而用常理来揣度它，可不就相去太远了吗！"

南伯子綦游乎商之丘，见大木焉，有异：结驷千乘，隐，将芘(bì)其所藾(lài)。子綦曰："此何木也哉！此必有异材夫！"仰而视其细枝，则拳曲而不可以为栋梁；俯而视其大根，则轴解而不可以为棺椁；咶(shì)其

南伯子綦在商丘游玩，看到一棵大得出奇的树，觉得与众不同，可供上千辆驾着四匹大马的大车隐蔽在大树树荫下歇息。子綦说："这是什么树呢？这树一定是一种特异的材质啊！"仰头观看大树的树枝，弯弯扭扭的并不能用来做栋梁；低头观看大树的主干，树心直到表皮旋着裂口，也不能用来做棺椁；舔一舔树叶，口舌便会溃烂受伤；闻一

叶,则口烂而为伤;嗅之,则使人狂酲(chéng)三日而不已。

子綦曰:"此果不材之木也,以至于此其大也。嗟乎,神人以此不材。"

宋有荆氏者,宜楸柏桑。其拱把而上者,求狙猴之杙(yì)斩之;三围四围,求高名之丽者斩之;七围八围,贵人富商之家求樿(shàn)傍者斩之。故未终其天年,而中道之夭于斧斤,此材之患也。故解之以牛之白颡(sǎng)者,与豚之亢鼻者,与人有痔病

闻它的气味,人就会像喝多了酒一样三天三夜都醒不过来。

子綦说:"这真是一棵没什么用处的树啊,所以才会长得这么高大。唉,完全超脱物外的'神人'就像这棵树一样显示自己的不材呀!"

宋国有个地方叫荆氏,那里很适合楸树、柏树、桑树的生长。树干长到一两握粗的时候,耍猴子的人就会把树木砍去拴猴子;树干长到三四围粗的时候,盖大房子的人便把树木砍去做屋梁;树干长到七八围粗的时候,达官贵人富家商贾又把树木砍去做棺木。所以这些树始终不能终享天年,而是命到中途就会被砍伐而死。这就是有用之材带来的祸患。因此,古人祈求神灵消灾降福,凡是白色额头的牛、鼻孔

者，不可以适河。此皆巫祝以知之矣，所以为不祥也。此乃神人之所以为大祥也。

支离疏者，颐隐于脐，肩高于顶，会撮指天，五管在上，两髀（bì）为胁。挫针治繲（xiè），足以糊口；鼓策播精，足以食十人。上征武士，则支离攘臂于其间；上有大役，则支离以有常疾不受功；上与病者粟，则受三钟与十束薪。夫支离其形者，犹足以养其

向上的猪以及患有痔疮的人，都不能作为祭品沉入河中，这是巫师们全都了解的，认为它们都是不吉祥的。不过这些不吉祥的才正是"神人"所认为的世上最大的吉祥。

有个人叫支离疏，脸颊比肚脐还低，双肩高过头顶，后脑下的发髻指向天空，五官的出口也全都朝上，两条大腿和两边的胸肋并生在一起。他给人缝衣浆洗，足够糊口度日的；又替人筛糠簸米，足可养活十口人。国君征兵时，支离疏捋袖扬臂在征兵人面前走来走去，也不会被征调；国君有大的差役，支离疏因身有残疾而免除劳役；国君向残疾人赈济米粟，支离疏还会领得三钟粮食、十捆柴草。像支离疏

身，终其天年，又况支离其德者乎！

孔子适楚，楚狂接舆游其门曰："凤兮凤兮，何如德之衰也。来世不可待，往世不可追也。天下有道，圣人成焉；天下无道，圣人生焉。方今之时，仅免刑焉！福轻乎羽，莫之知载；祸重乎地，莫之知避。已乎，已乎！临人以德。殆乎，殆乎！画地而趋。迷阳迷阳，无伤吾行。吾行郤曲，无伤吾足。"

那样形体残缺不全的人，还足以养活自己，终享天年，又何况那些忘记世间德行之人呢！

孔子到楚国去，楚国隐士接舆来到孔子门前，说："凤鸟啊，凤鸟啊！为什么到这个行德衰败的国家！来世是不可期待的，往世是无法追回的。天下得道，圣人便成就了事业；天下无道，圣人也只得苟全生存。今天这个时代，只能求全免遭刑辱。幸福比羽毛还轻，而不知道取得；祸患比大地还重，却不知道回避。算了吧，算了吧！不要在人前宣扬你的德行！危险啊，危险啊！人为划出一条道路让人去遵循！遍地荆棘啊，不要妨害我走路！弯弯曲曲的小路啊，不要损坏了我赶路的双足！"

庄子

山木，自寇也；膏火，自煎也。桂可食，故伐之；漆可用，故割之。人皆知有用之用，而莫知无用之用也。

山上的树木因成材而招致砍伐，油脂因可以燃烧照明而自取煎熬。桂树皮芳香可食，因而遭到砍伐；漆树可以派上用场，所以遭受刀砍斧割。人们都知道有用的用处，却不懂得无用的用处。

德充符第五

鲁有兀者王骀（tái），从之游者与仲尼相若。常季问于仲尼曰："王骀，兀者也，从之游者与夫子中分鲁。立不教，坐不议。虚而往，实而归。固有不言之教，无形而心成者邪？是何人也？"仲尼曰：

鲁国有个断脚的人，名叫王骀，跟他学习的人跟孔子的门徒一样多。孔子的学生常季问孔子道："王骀是个断脚的人，跟从他学习的人在鲁国却和先生的弟子相当。他站着不能给人教诲，坐着不能议论大事；他的弟子却空怀而来，学满而归。难道真的有不言之教，有看不见摸不到就能通过内心感化的境界吗？这是

"夫子，圣人也，丘也直后而未往耳！丘将以为师，而况不若丘者乎！奚假鲁国，丘将引天下而与从之。"

常季曰："彼兀者也，而王先生，其与庸亦远矣。若然者，其用心也，独若之何？"仲尼曰："死生亦大矣，而不得与之变；虽天地覆坠，亦将不与之遗。审乎无假而不与物迁，命物之化而守其宗也。"

常季曰："何谓也？"仲尼曰："自其异者视之，肝胆楚越也；自其同者

个什么样的人呢？"孔子回答说："这位先生是一个圣人，与他相比我还落在后面，只是还没有前去请教他。我将把他当作老师，何况那些学识和品行还不如我的人呢！何止鲁国，我将引领天下的人跟从他学习。"

常季说："他是一个断了脚的人，竟超过了先生，跟平常人相比相差就更远了。像这样的人，他运用心智有什么独到之处呢？"孔子回答："死和生都是人生大事，都不能使他为之变化；即使天翻地覆，他也不会因此而迷失、毁灭。他处于无所归依之地而不随物变迁，主宰事物变化而信守自己的根本。"

常季说："这是什么意思呢？"孔子说："从事物千差万别的一面去看，肝胆虽然同处于体内，相互毗邻，却也像是楚国和

视之，万物皆一也。夫若然者，且不知耳目之所宜，而游心乎德之和。物视其所一而不见其所丧，视丧其足犹遗土也。"

常季曰："彼为己，以其知得其心，以其心得其常心。物何为最之哉？"仲尼曰："人莫鉴于流水，而鉴于止水。唯止能止众止。受命于地，唯松柏独也正，在冬夏青青；受命于天，唯舜独也正，幸能正生，以正众生。夫保始之征，不惧之实，

越国那样相距很远；从事物同一的角度去看，万事万物又都是一样的。这样，他就不去关心耳朵眼睛欣赏何种声色，而让自己的心思自由自在地遨游在忘形、浑同的和谐境域之中。外物看到了它同一的方面就不会关心它缺失的部分，看到丧失了一只脚就像是掉落了土块一样。"

常季说："他修身修己，用自己的智慧领悟'心'的理念，再用'心'的理念返照没有分别的'常心'。既然如此，人们为什么还聚集在他的身边呢？"孔子回答说："人无法在流动的水面照见自己的身影，而是要面向静止的水面，只有静止的事物才能使其他想要静止的事物静止下来。各种树木都受命于地，只有松树、柏树得自然之止道，无论冬夏都郁郁青青；每个人都受命

勇士一人，雄入于九军。将求名而能自要者，而犹若是，而况官天地、府万物、直寓六骸、象耳目、一知之所知而心未尝死者乎！彼且择日而登假，人则从是也。彼且何肯以物为事乎！"

申徒嘉，兀者也，而与郑子产同师于伯昏无人。子产谓申徒嘉曰："我先出

于天，只有虞舜得天性之正道，品行最为端正。幸而他们都善于端正自己的品行，因而能引导和端正他人。保全本初的天性，心怀无所畏惧的胆识。勇士只身一人，也敢冲进千军万马之中。追逐功名的人尚且能够这样，何况那主宰天地、包藏万物、以躯体为寓所、将耳目为表征、以天赋的智慧掌握天地的真理、精神世界又从不曾衰竭的人呢！他定将选择好日子超凡脱俗，人们只不过是在追随他的脚步。他怎么会将聚合众多弟子当成一回事呢！"

申徒嘉只有一只脚，他和郑国的子产同拜伯昏无人为师。子产对申徒嘉说："我先出去那么你就停一停，你先出去那么我就

则子止,子先出则我止。"其明日,又与合堂同席而坐。子产谓申徒嘉曰:"我先出则子止,子先出则我止。今我将出,子可以止乎?其未邪?且子见执政而不违,子齐执政乎?"

申徒嘉曰:"先生之门固有执政焉如此哉?子而说子之执政而后人者也。闻之曰:'鉴明则尘垢不止,止则不明也。久与贤人处则无过。'今子之所取大者,先生也,而犹出言若是,不亦过乎!"

子产曰:"子既若是矣,犹与尧争

停一停。"第二天,子产和申徒嘉同在一个屋子里,同在一条席子上坐着,子产对申徒嘉说:"我先出去那么你就停一停,你先出去那么我就停一停。现在我要出去,你可以稍停一下吗,还是不能呢?你见了我这执掌政务的大官却不知道回避,你把自己看得跟我一样吗?"

申徒嘉说:"伯昏无人先生的门下,哪有执政大臣拜师从学的呢?你津津乐道执政大臣的地位而不把别人放在眼里。我听说:'镜子明亮就不落灰尘,落灰的镜子也就不会明亮。和贤人长久相处就会没有过失。'如今你追随先生求学修德,却说出这样的话,不是大错特错了吗!"

子产说:"你已经是这样的人了,还要跟尧争比善心,估量

善。计子之德，不足以自反邪？"

申徒嘉曰："自状其过以不当亡者众，不状其过以不当存者寡。知不可奈何而安之若命，唯有德者能之。游于羿之彀（gòu）中。中央者，中地也；然而不中者，命也。人以其全足笑吾不全足者多矣，我怫（fú）然而怒，而适先生之所，则废然而反。不知先生之洗我以善邪？吾与夫子游十九年，而未尝知吾兀者也。今子与我游于形骸之内，而子索我于形骸之外，不亦过乎！"

估量你有多少德行，这些还不足以使你自我反省吗？"

申徒嘉说："自己陈述辩解过错而认为自己不应当形残体缺的人很多；而那些不陈述辩解自己的过错，认为自己不应当形整体全的人却很少。懂得世事之无可奈何而安于自己的境遇，并视如命运的安排，只有有德之人才能做到。后羿张弓搭箭的射程之内，中央的地方是最容易中靶的，然而却没有射中，这就是命。拥有完整双脚而嘲笑我残缺不全的人很多，我常常气得脸色都变了，可是只要来到伯昏无人先生这里，我便怒气全消恢复正常。你不知道这是因为先生用善道来感化我吗？我跟随先生十九年了，可是先生从不曾认为我是个断了脚的人。如今你和我本应以内心相交，而你却用外在的形

子产蹴（cù）然改容更貌曰："子无乃称！"

体来要求我，这不是大错特错了吗？"

子产感到十分惭愧，脸色顿改而恭敬地说："请不要再这样说下去了！"

鲁有兀者叔山无趾，踵见仲尼。仲尼曰："子不谨，前既犯患若是矣。虽今来，何及矣！"

无趾曰："吾唯不知务而轻用吾身，吾是以亡足。今吾来也，犹有尊足者存，吾是以务全之也。夫天无不覆，地无不载，吾以夫子为天地，安知夫子之犹若

鲁国有个被砍去脚趾的人，名叫叔山无趾，靠脚后跟走路去拜见孔子。孔子对他说："你极不谨慎，之前犯了过错落得现在这个样子。虽然今天你来我这里，可是怎么能够挽回呢！"

叔山无趾说："我只因不识时务而轻贱地使用自己的身体，所以才失掉了脚。如今我来您这里，是因为还有比双脚更为可贵的东西存在，所以我想保全它。天是无所不覆盖的，地是无所不承载的，我把先生看作天地，哪知先生竟是这样的人！"

是也！"

孔子曰："丘则陋矣！夫子胡不入乎？请讲以所闻。"

无趾出。孔子曰："弟子勉之！夫无趾，兀者也，犹务学以复补前行之恶，而况全德之人乎！"

无趾语老聃曰："孔丘之于至人，其未邪？彼何宾宾以学子为？彼且以蕲以諔（chù）诡幻怪之名闻，不知至人之以是为己桎梏邪？"

老聃曰："胡不直使彼以死生为一条，以可不可为一贯者，解其桎梏，其

孔子说："我实在浅薄。先生怎么不进来呢，请把你所知晓的道理讲一讲。"

叔山无趾走了。孔子对他的弟子说："你们要努力啊。叔山无趾是一个被砍掉脚趾的人，他还努力进学来补救先前的过失，何况是道德品行从没有什么缺欠的人呢！"

叔山无趾对老子说："孔子还不能达到至人的境界吧？他为何总是把自己当作一个学者？他还在祈求奇异虚妄的名声能传扬于外，难道不懂得至人将这一切都看作是束缚自己的枷锁吗？"

老子说："为何不直接让他把生和死看成一样，把可以与不可以看作是一体的，以解脱他的枷锁，可以吗？"

可乎？"

无趾曰："天刑之，安可解！"

叔山无趾说："这是上天加给他的刑罚，怎么可以解脱呢！"

鲁哀公问于仲尼曰："卫有恶人焉，曰哀骀它。丈夫与之处者，思而不能去也；妇人见之，请于父母曰'与为人妻，宁为夫子妾'者，十数而未止也。未尝有闻其唱者也，常和人而已矣。无君人之位以济乎人之死，无聚禄以望人之腹，又以恶骇天下，和而不唱，知不出乎四域，且而雌雄合乎前，是

鲁哀公问孔子："卫国有个面貌丑陋的人，名叫哀骀它。男人跟他相处，常常想念他而舍不得离去。女人见到他便会请求父母说：'与其做别人的妻子，不如做哀骀它先生的妾。'这样的女人已经不止十多个了。从不曾听说哀骀它倡导什么，只是常常附和别人罢了。没有居于统治者的地位而拯救人于危难之地，也没有什么财富能填饱穷人的肚子，又长得奇丑能把全天下的人吓一跳，附和别人没什么自己的观点，他的才智超不出人世之外，接触过他的人无论

必有异乎人者也。寡人召而观之，果以恶骇天下。与寡人处，不至以月数，而寡人有意乎其为人也；不至乎期年，而寡人信之。国无宰，而寡人传国焉。闷然而后应，氾而若辞。寡人丑乎，卒授之国。无几何也，去寡人而行。寡人恤焉若有亡也，若无与乐是国也。是何人者也！"

仲尼曰："丘也尝使于楚矣，适见㹠子食于其死母者。少焉眴（shùn）若，皆弃之而走。不见己焉

男女却都乐于亲近他，这样的人一定有什么异于常人之处。我把他召来，看了看，果真相貌丑陋足以吓到天下人。跟我相处不到一个月，我便对他的为人有所了解；不到一年时间，我就十分信任他了。当时国家缺少宰相，我便把国事委托给他。他神情淡漠很久才有回应，漫不经心好像不愿意应承。我感到不好意思，最终还是把国事交给了他。没过多久，他就离开我走了，我很忧虑好像丢失了什么一样，仿佛整个国家中没有谁可以跟我一起分享快乐似的。这究竟是什么样的人呢？"

孔子说："我也曾出使楚国，正巧看见一群小猪趴在刚死去的母猪身边吃奶，不一会儿又惊惶地丢开母猪逃跑了。因为觉得自己和死去的母猪不一样，母猪也

尔,不得类焉尔。所爱其母者,非爱其形也,爱使其形者也。战而死者,其人之葬也不以翣(shà)资;刖者之屦,无为爱之。皆无其本矣。为天子之诸御,不爪翦,不穿耳;取妻者止于外,不得复使。形全犹足以为尔,而况全德之人乎!今哀骀它未言而信,无功而亲,使人授己国,唯恐其不受也,是必'才全'而'德不形'者也。"

哀公曰:"何谓'才全'?"

仲尼曰:"死生存亡、穷达贫富、贤

不像先前活着时那样哺育它们。小猪爱它们的母亲,不是爱它的形体,而是爱支配那个形体的精神。战死沙场的人,埋葬时无须在棺木上装饰武者的配饰;砍掉了脚的人,也不会爱惜以前穿过的鞋子,这都是因为失去了根本。做天子的妃子,不剪指甲、不穿耳洞;娶妻的人只能在宫外办事,不会再被宫中役使。为保全形体完整尚且能够做到这些,何况德行完整的人呢?现在哀骀它不说话就能取信于人,即使没有功绩也能赢得人们的亲近,能使国君乐意授他以国事,还唯恐他不接受,这一定是个才智完备而德不外露的人。"

哀公问:"什么叫'才智完备'呢?"

孔子说:"死、生、存、亡,穷、达、贫、富,贤能与不肖、

与不肖、毁誉、饥渴、寒暑，是事之变、命之行也。日夜相代乎前，而知不能规乎其始者也。故不足以滑和，不可入于灵府。使之和豫，通而不失于兑；使日夜无郤（xì），而与物为春，是接而生时于心者也。是之谓'才全'。"

"何谓'德不形'？"

曰："平者，水停之盛也。其可以为法也，内保之而外不荡也。德者，成和之修也。德不形者，物不能离也。"

哀公异日以告闵

诋毁与称誉，饥、渴、寒、暑，这些都是事物的变化，是自然运行的规律。日夜更替，而人的智慧却不能明了它们是如何起始的。因此，这些都不足以搅乱本性的谐和，也不足以侵扰人们的心灵。要使心灵平和安适，通畅而不失怡悦，要使心境日夜不间断地跟随万物保持如春天般的生气，这样便会接触外物而萌生顺应四时的心情。这就叫作才智完备。"

哀公问："什么叫'德不外露'呢？"

孔子说："均平是水静止时的最佳状态。它可以作为取法的准绳。内心保持这种状态，外表就能不为外物所动。所谓德，是完满、纯和的最高修养。德不外露，外物自然亲附而不能离去。"

有一天，鲁哀公将孔子的话

子曰："始也吾以南面而君天下，执民之纪而忧其死，吾自以为至通矣。今吾闻至人之言，恐吾无其实，轻用吾身而亡其国。吾与孔丘非君臣也，德友而已矣！"

告诉闵子，说："起初，我坐朝当政统治天下，掌握国家的纲纪而关心人民的死活，便自以为是最通达的了。如今我听了至人的言论，担心我自己其实并没有实在的功绩，轻率使用自己的身体而使国家面临危亡。我和孔子不是君臣关系，而是以德相交的朋友啊！"

闽(yīn)跂(qǐ)支离无脤(chún)说卫灵公，灵公说之，而视全人，其脰(dòu)肩肩。瓮㼜(àng)大瘿说齐桓公，桓公说之，而视全人，其脰肩肩。故德有所长而形有所忘。人不忘其所忘而忘其所不忘，

一个跛脚、驼背、没有嘴唇的人游说卫灵公，卫灵公十分喜欢他，再看看那些形体完整的人，觉得他们的脖子实在是太细直了。一个脖子长有大瘤子的人去游说齐桓公，齐桓公十分喜欢他，再看看那些形体完整的人，觉得他们的脖子实在是太细直了。所以，一个人如果在德行方面超出常人，人们就会忘记他在

庄子

此谓诚忘。

故圣人有所游，而知为孽，约为胶，德为接，工为商。圣人不谋，恶用知？不斫（zhuó），恶用胶？无丧，恶用德？不货，恶用商？四者，天鬻也。天鬻者，天食也。既受食于天，又恶用人！有人之形，无人之情。有人之形，故群于人；无人之情，故是非不得于身。眇乎小哉，所以属于人也；謷（áo）乎大哉，独成其天。

形体方面的缺陷。人们如果不忘记该忘的，而忘了不该忘的，这才是真正的遗忘。

所以，圣人悠哉游哉，将智慧看作是祸根，将盟约看作是禁锢，将德行看作是交接外物的手段，将工巧看作是商贾的行为。圣人从不谋虑，何须智巧？从不砍伐，何须胶着？没有缺损，何须德行？不买卖谋利，何须经营？这四种做法就是自然的养育。所谓自然的养育，就是禀受自然的饲养。既然受到自然饲养，又何须人为！有人的形体，而没有人的情绪。有人的形体，所以与人为伍；没有人的情绪，所以人事是非不会附加在他的身上。渺小啊，与人同类，伟大啊，与自然浑同。

惠子谓庄子曰："人故无情乎？"

庄子曰："然。"

惠子曰："人而无情，何以谓之人？"

庄子曰："道与之貌，天与之形，恶得不谓之人？"

惠子曰："既谓之人，恶得无情？"

庄子曰："是非吾所谓情也。吾所谓无情者，言人之不以好恶内伤其身，常因自然而不益生也。"

惠子曰："不益生，何以有其身？"

庄子曰："道与之貌，天与之形，无以好恶内伤其身。今子外乎子之神，劳乎

惠子对庄子说："人真的是没有感情的吗？"

庄子说："是的。"

惠子说："人若没有情，怎么还能称之为人？"

庄子说："道赋予人容貌，天赋予人形体，怎么能不称之为人呢？"

惠子说："既然被称作人，怎么能没有情？"

庄子说："这不是我所说的情。我所说的无情，是指人不以好恶而伤害自己的本性，顺任自然而不人为增添什么。"

惠子说："不增添什么，靠什么保有自身呢？"

庄子说："道赋予人容貌，天赋予人形体，不以好恶而伤害自己的本性。如今你外露你的心神，耗费你的精力，靠着大树吟

庄子

子之精,倚树而吟,据槁梧而瞑。天选子之形,子以坚白鸣。"

咏,躺在几案上休息。天赋予了你形体,你却以'坚白'的诡辩而自鸣得意!"

大宗师第六

知天之所为，知人之所为者，至矣！知天之所为者，天而生也；知人之所为者，以其知之所知，以养其知之所不知，终其天年而不中道夭者，是知之盛也。虽然，有患：夫知有所待而后当，其所待者

懂得了自然运行的规律，明白了人类所能做的行为，就算是达到了认知的极致了。懂得自然运行的规律，是因为顺应了自然之理；明白人类所做的行为，用人类的智慧所能掌握的道理，化育人类智慧所不知晓的道理，顺应天理直至自然死亡而不中途夭折，这就算是达到了认识的最高境界了。尽管如此，依然存在忧

特未定也。庸讵知吾所谓天之非人乎？所谓人之非天乎？且有真人而后有真知。

何谓真人？古之真人，不逆寡，不雄成，不谟士。若然者，过而弗悔，当而不自得也。若然者，登高不慄，入水不濡，入火不热，是知之能登假于道者也若此。

古之真人，其寝不梦，其觉无忧，其食不甘，其息深深。真人之息以踵，众

患。人的知识一定要有所依凭方才能认定是否恰当，而依凭的对象却是不稳定的。如何能确定我所认为的自然之理不是出于人为呢？又如何能确定我所认为的人类行为不是出于自然呢？只有等有了"真人"方才有真知。

什么叫作"真人"呢？古时候的"真人"，不倚众欺寡，不自视甚高颐指气使，也不有所图谋。像这样的人，错过时机而不后悔，赶上机遇而不得意。像这样的人，登上高处不颤慄，下到水里不会沾湿，进入火中不觉灼热。这是因为他的智慧与大道相通方才能如此。

古时候的"真人"，睡觉不做梦，醒来不忧愁，吃东西不求甘美，呼吸气息深沉。"真人"呼吸可通达脚跟，而一般人呼吸

人之息以喉。屈服者，其嗌（ài）言若哇。其耆欲深者，其天机浅。

古之真人，不知说生，不知恶死。其出不䜣（xīn），其入不距。翛（xiāo）然而往，翛然而来而已矣。不忘其所始，不求其所终。受而喜之，忘而复之。是之谓不以心捐道，不以人助天，是之谓真人。若然者，其心忘，其容寂，其颡（kuí）。凄然似秋，暖然似春，喜怒通四时，与物有宜，而莫知其极。

故圣人之用兵

只在于喉咙。辩论时屈服于人，言语如鲠在喉。那些嗜好和欲望太深的人，他们的自然慧根也就很浅。

古时候的"真人"，不贪生也不怕死；出生不欣喜，赴死不推辞；无拘无束地辞世，自由自在地来世而已。不忘自己从哪儿来，也不寻求自己往哪儿去。承受什么际遇都欢欢喜喜，忘却生死回归自然。不用人的心智去损害天道的运行，也不人为地帮助天道的运行，这就叫"真人"。像这样的人，他的内心忽略一切，他的容颜淡漠安闲，他的面额质朴端严；冷肃得像秋天，温暖得像春天，喜怒像四时更替一样自然，与自然相融相宜，没人能探测到他精神世界的极限。

所以古代圣人用兵，灭掉敌

庄子

也，亡国而不失人心。利泽施乎万世，不为爱人。故乐通物，非圣人也；有亲，非仁也；天时，非贤也；利害不通，非君子也；行名失己，非士也；亡身不真，非役人也。若狐不偕、务光、伯夷、叔齐、箕子、胥余、纪他、申徒狄，是役人之役，适人之适，而不自适其适者也。

古之真人，其状义而不朋，若不足而不承；与乎其觚（gū）而不坚也，张乎其虚而不华也；邴（bǐng）邴乎其似

国却不失掉敌国的民心；恩泽广施万世，却无所偏颇。乐于交往取悦外物的人，不是圣人；有偏爱就算不上是"仁"；伺机行事，不是贤人；不懂得利害相通，就不算是君子；办事求名而失掉自身的本性，非有识之士；失去性命却与自己的真性不符，就不是役世之人。像狐不偕、务光、伯夷、叔齐、箕子、胥余、纪他、申徒狄，这样的人都是被人所役使，使他人快意，而不是能使自己得到安适的人。

古时候的"真人"，身形高大而不崩坏，貌似不足却又无所承受；安闲自然、特立超群而不偏执，襟怀宽阔虚空而不浮华；怡然欣喜，一举一动又像自然流露；容颜和悦令人喜欢接近，与

喜也，崔崔乎其不得已也，滀（chù）乎进我色也，与乎止我德也，广乎其似世也，謷乎其未可制也，连乎其似好闭也，悗（mèn）乎忘其言也。以刑为体，以礼为翼，以知为时，以德为循。以刑为体者，绰乎其杀也；以礼为翼者，所以行于世也；以知为时者，不得已于事也；以德为循者，言其与有足者至于丘也，而人真以为勤行者也。故其好之也一，其弗好之也一。其一也一，其不一也一。其一与天为徒，其不

人交往德行宽和，令人乐于归依；气度博大，像世界一样宽广；高放自得从不受限制，绵邈深远好像喜欢封闭自己，心不在焉又像是忘记了语言。把刑律当作主体，把礼仪当作羽翼，用已掌握的知识去等待时机，用道德来遵循规律。把刑律当作主体，有所杀伐却也让人觉得宽厚；把礼仪当作羽翼，将礼仪的教诲推行于世；用掌握的知识去等待时机，是为了应付时势而出于无奈；用德行来遵循规律，就像是与有脚的人都能登上山丘，而人们却以为他勤于行走。所以说人们所喜好的是浑然一体的，人们不喜好的也是浑然一体的。那些同一的东西是浑一的，那些不同一的东西也是浑一的。认识到天与人的关系就是天人合一，自然与人并不相互对立而相互超

一与人为徒，天与人不相胜也，是之谓真人。

死生，命也；其有夜旦之常，天也。人之有所不得与，皆物之情也。彼特以天为父，而身犹爱之，而况其卓乎！人特以有君为愈乎己，而身犹死之，而况其真乎！

泉涸，鱼相与处于陆，相呴（xǔ）以湿，相濡以沫，不如相忘于江湖。与其誉尧而非桀也，不如两忘而化其道。

越，到了这种境界就算是"真人"了。

生死均非人为之力所能左右，犹如昼夜交替的永恒，全然是自然规律。对于自然规律，人是不可能全部参与和干预的，这都是自然之理。人们总是把天看作生命之父，而且终身爱戴它，何况那特立高超的"道"呢！人们还总认为国君是一定超越自己的，而且终身愿为国君效死，又何况主宰万物的"道"呢？

泉水干涸了，鱼儿们一同困在陆地上相互依偎，互相吐着湿气，又用唾沫相互润湿，与其这样，不如畅游于江湖，忘掉彼此。与其赞誉唐尧的圣明而非议夏桀的暴虐，不如把他们都忘掉而融化混同于"道"。

夫大块载我以形，劳我以生，佚我以老，息我以死。故善吾生者，乃所以善吾死也。夫藏舟于壑，藏山于泽，谓之固矣！然而夜半有力者负之而走，昧者不知也。藏小大有宜，犹有所遁。若夫藏天下于天下，而不得所遁，是恒物之大情也。特犯人之形，而犹喜之。若人之形者，万化而未始有极也，其为乐可胜计邪？故圣人将游于物之所不得遁而皆存。善妖善老，善始善终，人犹效之，又况

天地给我形体使我有所寄托，给我以生命使我劳苦，使我衰老来使我得以闲适，又使我死亡以使我安息。所以，把存在看作是好事的，也就应该把死亡看作是好事。将船儿藏在大山沟里，将渔具藏在大泽里，可以说是十分牢靠了。然而半夜里有个大力士把它们连同山谷和河泽一同背走了，而昏愚之人却无所察觉。将小东西藏在大东西里是适宜的，不过还是会丢失。假如把天下藏在天下里而不会丢失，这就是事物固有的情理。人们只要承受了人的形体便很欣喜，至于像人的形体那样在万千变化中不能穷尽，那快乐之情难道还能进行计算吗？所以圣人将生活在各种事物都不会丢失的环境里，并与万物共存亡。以少为善，以老

万物之所系而一化之所待乎！

夫道有情有信，无为无形；可传而不可受，可得而不可见；自本自根，未有天地，自古以固存；神鬼神帝，生天生地；在太极之先而不为高，在六极之下而不为深，先天地生而不为久，长于上古而不为老。狶（shǐ）韦氏得之，以挈天地；伏戏氏得之，以袭气母；维斗得之，终古不忒；日月得

为善，以始为善，以终为善，人们尚且加以效法，又何况那万物所联缀、各种变化所依托的大道呢！

"道"是真实而又确凿的，又是无为和无形的；"道"可以意会不可言传，可以领悟却不可以眼见；"道"是万物的本源，在天地之先就已存在；它构建出神鬼、上帝，产生天地；它在太极之上却并不算高，它在六极之下也不算深，它先于天地存在还不算久，它长于上古还不算老。狶韦氏得到它，用来整治天地；伏羲氏得到它，用来调和元气；北斗星得到它，用来保证永恒不变的方位；太阳和月亮得到它，用来永不停息地运行；堪坏得到它，用来入主昆仑山；冯夷

之，终古不息；勘坏（pēi）得之，以袭昆仑；冯夷得之，以游大川；肩吾得之，以处大山；黄帝得之，以登云天；颛顼（zhuān xū）得之，以处玄宫；禺强得之，立乎北极；西王母得之，坐乎少广，莫知其始，莫知其终；彭祖得之，上及有虞，下及五伯；傅说得之，以相武丁，奄有天下，乘东维，骑箕尾，而比于列星。

南伯子葵问乎女偊（yǔ）曰："子之

得到它，用来巡游大江大河；肩吾得到它，用来驻守泰山；黄帝得到它，用来登上云天；颛顼得到它，用来居处玄宫；禺强得到它，用来立足北极；西王母得到它，用来坐镇少广山，无人知道它的起源，也没人能知道它的终结；彭祖得到它，从远古的有虞时代一直活到五伯时代；傅说得到它，用来辅佐武丁，统驭整个天下，在死后乘驾东维星，骑坐箕宿和尾宿，遨游于众星宿之间。

南伯子葵向女偊问道："你年纪已经很大了，可你的容颜

年长矣,而色若孺子,何也?"曰:"吾闻道矣。"

南伯子葵曰:"道可得学邪?"

曰:"恶!恶可!子非其人也。夫卜梁倚有圣人之才,而无圣人之道,我有圣人之道,而无圣人之才。吾欲以教之,庶几其果为圣人乎?不然,以圣人之道告圣人之才,亦易矣。吾犹守而告之,参日而后能外天下;已外天下矣,吾又守之,七日而后能外物;已外物矣,吾又守之,九日而后能外生;已外生矣,而后能朝

却还像孩子一样,这是什么缘故呢?"女偊回答:"因为我得'道'了。"

南伯子葵说:"'道'可以学到吗?"

女偊回答说:"呜!怎么可以呢!你不是可以学习'道'的人。卜梁倚有圣人的才气,却没有圣人之心,我有圣人之心,却没有圣人的才气。我想教导他,或许他果真能成为圣人吧?然而却不是这样,把圣人之心传给有圣人才气的人,应是很容易的。我继续持守着,并教导他,三天之后,他便能抛却天下了;既已抛却天下,我又继续持守教导,七天之后,他便能遗忘万物了;既已遗忘万物,我又继续持守教导,九天之后,他便能遗忘自身了;既已遗忘自身,而后心境便能像朝阳一般清新明彻;能够心

彻；朝彻，而后能见独；见独，而后能无古今；无古今，而后能入于不死不生。杀生者不死，生生者不生。其为物，无不将也，无不迎也，无不毁也，无不成也。其名为撄宁。撄宁也者，撄而后成者也。"

南伯子葵曰："子独恶乎闻之？"

曰："闻诸副墨之子，副墨之子闻诸洛诵之孙，洛诵之孙闻之瞻明，瞻明闻之聂许，聂许闻之需役，需役闻之於（wū）讴，於讴闻

境清彻了，而后就能够感受那独立无所待的'道'了；既已感受了'道'，而后就能超越古今界限；既已超越了古今的界限，而后便能进入无生无死的永恒境界。能灭亡一切的大道，它本身不会灭亡；能产生一切的大道，它本身无所谓产生。对于天下万物，'道'无所不送，无所不迎；无所不毁，也无所不成，这就叫作'撄宁'。撄宁的意思就是动而后静，乱而后定。"

南伯子葵又问："你是怎么得'道'的呢？"

女偊又回答说："我从副墨（文字）那里得到的，副墨从洛诵（语言）那里得到的，洛诵从瞻明（目所见）那里得到的，瞻明从聂许（耳所闻）那里得到的，聂许从需役（修持）那里得到的，需役从於讴（咏叹）那里

之玄冥，玄冥闻之参寥，参寥闻之疑始。"

得到的，於讴从玄冥（静默）那里得到的，玄冥从参寥（空旷）那里得到的，参寥从疑始（混沌本源）那里得到的。"

子祀、子舆、子犁、子来四人相与语曰："孰能以无为首，以生为脊，以死为尻（kāo）；孰知死生存亡之一体者，吾与之友矣！"四人相视而笑，莫逆于心，遂相与为友。

俄而子舆有病，子祀往问之。曰："伟哉，夫造物者将以予为此拘拘也。"曲偻发背，上有五管，颐隐于齐，肩

子祀、子舆、子犁、子来四个人在一起聊天："谁能够把无当作头，把生当作脊柱，把死当作尻尾，谁能够通晓生死存亡浑然一体的道理，我们就和他交朋友。"四个人相视而笑，心心相契，于是相互成了朋友。

不久，子舆生了病，子祀前去探望他。子舆说："伟大啊，造物者！把我变成如此曲屈不伸的样子！"子舆腰弯背驼，五脏穴口朝上，脸颊隐藏在肚脐之下，肩部高过头顶，弯曲的颈椎

高于顶,句赘指天,阴阳之气有沴(lì),其心闲而无事,跰(pián)𨇤(xiān)而鉴于井,曰:"嗟乎!夫造物者又将以予为此拘拘也。"

子祀曰:"汝恶之乎?"曰:"亡,予何恶!浸假而化予之左臂以为鸡,予因以求时夜;浸假而化予之右臂以为弹,予因以求鸮炙;浸假而化予之尻以为轮,以神为马,予因以乘之,岂更驾哉!且夫得者,时也;失者,顺也。安时而处顺,哀乐不能入也,此古之所谓县解也,而不能

形如赘瘤朝天隆起。阴阳二气不和酿成如此灾害,可是子舆的心里却十分闲逸,好像没有生病似的,蹒跚地来到井边,对着井水照看自己,说:"哎呀,造物者竟把我变成如此曲屈不伸!"

子祀说:"你讨厌这曲屈不伸的样子吗?"子舆回答:"没有,我怎么会讨厌这副样子!如果造物者逐渐把我的左臂变成公鸡,我便用它来报晓;如果造物者逐渐把我的右臂变成弹弓,我便用它来打鸟烤着吃。如果造物者把我的臀部变化成为车轮,把我的精神变化成骏马,我就驾着它们乘坐,难道还需要别的马车吗!至于生命的获得,是因为适时,生命的丧失,是因为顺应;安于适时而处之顺应,悲哀和欢乐都不会侵入心房。这就是古人

自解者，物有结之。且夫物不胜天久矣，吾又何恶焉！"

俄而子来有病，喘喘然将死。其妻子环而泣之。子犁往问之，曰："叱！避！无怛（dá）化！"倚其户与之语曰："伟哉造化！又将奚以汝为？将奚以汝适？以汝为鼠肝乎？以汝为虫臂乎？"

子来曰："父母于子，东西南北，唯命之从。阴阳于人，不翅于父母。彼近吾死而我不听，我则悍矣，彼何罪焉？夫大

所说的解脱了倒悬之苦。至于说不能自我解脱的原因，则是受到了外物的束缚。人力不能胜天由来已久，我怎么能厌恶自己现在的变化呢？"

不久，子来也生了病，气息急促，将要死去，他的妻子儿女围在床前哭泣。子犁前往探望，说："嘿，走开！不要惊扰他的变化！"他靠着门对子来说："伟大啊，造物者！又将把你变成什么，把你送向何方？把你变成老鼠的肝脏吗？还是把你变成虫蚁的臂膀呢？"

子来说："对于孩子来说，父母无论说东西南北，他们都只能听从吩咐调遣。自然的变化对于人，则不啻于父母。它让我死而我却不听从，那我也太忤逆了，而它有什么过错呢！天地

块载我以形，劳我以生，佚我以老，息我以死。故善吾生者，乃所以善吾死也。今大冶铸金，金踊跃曰：'我且必为镆铘！'大冶必以为不祥之金。今一犯人之形，而曰：'人耳！人耳！'夫造化者必以为不祥之人。今一以天地为大炉，以造化为大冶，恶乎往而不可哉！"成然寐，蘧然觉。

子桑户、孟子

给我形体，用生来使我勤劳，用衰老使我安闲，用死亡来让我安歇。所以，把我的生看作是好事，也必将可以把我的死看作是好事。如果有一个高超的工匠正在铸造金属器皿，那金属熔解后忽然跃起说：'必须把我铸造成莫邪宝剑！'冶炼工匠必定认为这是块不祥的金属。现在，人刚刚要被赋予外形，便大喊：'变成人吧！变成人吧！'造物主也一定会认为这是不祥之人。如今把整个浑一的天地当作大熔炉，把造物者当作高超的冶炼工匠，用什么方法来驱遣我而不可以呢？"于是安闲熟睡似的离开人世，正如他惊喜地醒过来而回到人间时一样。

子桑户、孟子反、子琴张三

反、子琴张三人相与语曰："孰能相与于无相与，相为于无相为？孰能登天游雾，挠挑无极，相忘以生，无所终穷？"三人相视而笑，莫逆于心，遂相与友。

莫然有间，而子桑户死，未葬。孔子闻之，使子贡往侍事焉。或编曲，或鼓琴，相和而歌曰："嗟来桑户乎！嗟来桑户乎！而已反其真，而我犹为人猗！"子贡趋而进曰："敢问临尸而歌，礼乎？"二人相视而笑曰："是恶知礼意！"

子贡反，以告孔

人在一起谈话："谁能够相互交往而出于无心，相互帮助却像没有做什么一样？谁能超然于物外，跳入无极，忘却生死，而永远没有终结和穷尽？"三人相视而笑，心心相印，于是成为好友。

不久，子桑户死了，还没有下葬。孔子知道了，派弟子子贡前去帮助料理丧事。只见孟子反和子琴张一个在编曲，一个在弹琴，相互应和歌唱："哎呀，桑户啊！哎呀，桑户啊！你已经返归本真，可我们还在做凡俗之人啊！"子贡听了，快步走到他们近前，说："敢问，对着死人的尸体唱歌，合乎礼仪吗？"二人相视而笑，说："这种人怎么会懂得礼的真意！"

子贡回来后，将所见告诉

子曰:"彼何人者邪?修行无有,而外其形骸,临尸而歌,颜色不变,无以命之。彼何人者邪?"

孔子曰:"彼游方之外者也,而丘游方之内者也。外内不相及,而丘使女往吊之,丘则陋矣!彼方且与造物者为人,而游乎天地之一气。彼以生为附赘县疣,以死为决㾜(huàn)溃痈。夫若然者,又恶知死生先后之所在!假于异物,托于同体;忘其肝胆,遗其耳目;反覆终始,不知端倪;芒然仿徨

孔子说:"他们都是什么人呢?不重德行没有礼仪,将形骸置之度外,面对死尸还要唱歌,一点悲哀的神情都没有,简直没法形容他们。他们究竟是些什么样的人啊?"

孔子说:"他们都是超然于天地人世之外的人,我却是生活在天地世俗中的人。人世之外和人世之内彼此不相干涉,可是我却让你前去吊唁,实在是浅薄呀!他们正跟造物者结为伴侣,而游于天地气息之间。他们把生命看作像赘瘤一样多余,将人的死亡看作毒疮化脓溃破一样,像这样的人,又怎么会顾及死生优劣的分别呢!凭借于各个不同的物类,但最终寄托于同一整体;忘掉了内部肝胆的区别,也忘掉了外部耳目的区别;随着自然终结和开始,无尽反复,从不追究

乎尘垢之外，逍遥乎无为之业。彼又恶能愦（kuì）愦然为世俗之礼，以观众人之耳目哉！"

子贡曰："然则夫子何方之依？"

孔子曰："丘，天之戮民也。虽然，吾与汝共之。"

子贡曰："敢问其方？"

孔子曰："鱼相造乎水，人相造乎道。相造乎水者，穿池而养给；相造乎道者，无事而生定。故曰：鱼相忘乎江湖，人相忘乎道术。"

子贡曰："敢问

它们的分际和头绪；无忧无虑地游于尘世之外，逍遥自在地存在于无为之境。他们又怎能不厌烦世俗的礼仪，而故意炫耀给众人看呢！"

子贡说："那么先生您遵循哪一方呢？"

孔子说："我是苍天所惩罚的罪人。即使这样，我仍将和你们一起去竭力追求至高无上的道。"

子贡问："请问有什么方法吗？"

孔子回答："鱼喜欢在水里生存，人愿意在大道中相安。喜欢水的，挖个水池便能供养；相安于道，漠然无所作为便心性平适。所以说，鱼相忘于江湖，人相忘于大道。"

子贡说："请问什么是'畸

畸人?"

曰:"畸人者,畸于人而侔(móu)于天。故曰:天之小人,人之君子;人之君子,天之小人也。"

颜回问仲尼曰:"孟孙才,其母死,哭泣无涕,中心不戚,居丧不哀。无是三者,以善处丧盖鲁国,固有无其实而得其名者乎?回壹怪之!"

仲尼曰:"夫孟孙氏尽之矣,进于知矣,唯简之而不得,夫已有所简矣。孟孙氏不知所以生,不知

人'呢?"

孔子回答:"所谓'畸人',就是不同于世俗而应和与自然的人。所以说,自然所认为的小人是人世间的君子;人世间的君子却是自然所认为的小人。"

颜回请教孔子说:"孟孙才这个人,他的母亲死了,哭泣时没有一滴眼泪,心中不悲伤,居丧时也不哀痛。没有眼泪、不悲伤、不哀痛,可是却因善于处理丧事而名扬鲁国。难道真有无其实而有其名的情况吗?颜回实在觉得奇怪。"

孔子说:"孟孙才已经掌握了居丧之道,远远超过了那些懂得丧葬礼仪的人。丧事应该简化,人们都知道却不能办到,而孟孙才却已经做到了。孟孙才不

所以死；不知就先，不知就后；若化为物，以待其所不知之化已乎。且方将化，恶知不化哉？方将不化，恶知已化哉？吾特与汝，其梦未始觉者邪！且彼有骇形而无损心，有旦宅而无情死。孟孙氏特觉，人哭亦哭，是自其所以乃。且也相与'吾之'耳矣，庸讵知吾所谓'吾之'乎？且汝梦为鸟而厉乎天，梦为鱼而没于渊。不识今之言者，其觉者乎？其梦者乎？造适不及笑，献笑不及排，安排而去化，乃入于寥天一。"

过问人因为什么而生，也不去探寻人因为什么而死；不知道占先，也不知道居后；顺应自然的变化而成为他应该成为的物类，以期待那些自己所不知晓的变化！况且，现在即将出现变化，怎么知道那些不变化的情形呢？那些不再发生变化的，又怎么知道已经有了变化的情形呢！我和你正在做梦，还未觉醒。况且那些形态改变了的人并没有改变他们的精神，躯体转化了而精神没有死亡。孟孙氏对此是彻悟的，人们哭他也哭，这就是他如此居丧的原因。人们总是说这是我，又怎么知道我所称述的躯体一定就是我呢？而且你在梦中变成飞鸟振翅飞上蓝天，梦中变成大鱼便摇尾潜入深渊。不知道说话的人，算是醒着的呢，还是做着梦呢？忽然感到高兴却来不及笑出声音，表露快意发出笑声却来不及事先安排好，安于自然的推移而顺应变化，就进入到寂寥虚空的纯然境界。"

意而子见许由，许由曰："尧何以资汝？"

意而子曰："尧谓我：汝必躬服仁义而明言是非。"

许由曰："而奚来为轵？大尧既已黥（qíng）汝以仁义，而劓（yì）汝以是非矣。汝将何以游夫遥荡恣睢转徙之涂乎？"

意而子曰："虽然，吾愿游于其藩。"

意而子拜访许由，许由说："尧把什么东西给了你？"

意而子说："尧对我说：你一定要亲自实行仁义且明辨是非。"

许由说："那你为何还来我这里呢？尧已经用'仁义'在你的额上刻下了印记，又用'是非'割下了你的鼻子，你还怎么能游处于逍遥放荡、无拘无束的变化境界呢？"

意而子说："虽然这样，我还是希望能游处于如此的境域。"

许由曰:"不然。夫盲者无以与乎眉目颜色之好,瞽者无以与乎青黄黼(fǔ)黻(fú)之观。"

意而子曰:"夫无庄之失其美,据梁之失其力,黄帝之亡其知,皆在炉捶之间耳。庸讵知夫造物者之不息我黥而补我劓,使我乘成以随先生邪?"

许由曰:"噫!未可知也。我为汝言其大略:吾师乎!吾师乎!齑(jī)万物而不为义,泽及万世而不为仁,长于上古而不为老,覆载天地、刻雕众形而不为

许由说:"不对。盲人无法观赏姣好的容貌,瞎子无法赏鉴礼服上的花纹。"

意而子说:"无庄不再打扮,忘掉自己的美丽,据梁不再逞强,忘掉自己的勇力,黄帝闻道后忘掉自己的智慧,他们都因为经过了冶炼和锻打。怎么知道造物主不会抚平我受黥刑的伤痕,补全我受劓刑的鼻子,让我恢复完整而跟随先生呢?"

许由说:"唉!这是不可知的。我大略和你说说。我伟大的宗师啊!我伟大的宗师啊!调和万物而不是为了义,恩泽万世而不是出于仁,长于上古不算老,覆天载地、雕刻众物之形也不算技巧。这就是道的境界。"

巧。此所游已！"

颜回曰："回益矣。"仲尼曰："何谓也？"曰："回忘仁义矣。"曰："可矣，犹未也。"他日复见，曰："回益矣。"曰："何谓也？"曰："回忘礼乐矣！"曰："可矣，犹未也。"他日复见，曰："回益矣！"曰："何谓也？"曰："回'坐忘'矣。"仲尼蹴然曰："何谓'坐忘'？"颜回曰："堕肢体，黜聪明，离形去知，同于大通，此谓坐忘。"仲尼曰："同则无好

颜回说："我进步了。"孔子问道："怎么进步了呢？"颜回说："我已经忘却仁义了。"孔子说："好啊，不过还不够。"过了几天，颜回再次拜见孔子，说："我又进步了。"孔子问："怎么进步了呢？"颜回说："我已经忘却礼乐了。"孔子说："好啊，不过还不够。"过了几天，颜回又再次拜见孔子，说："我又进步了。"孔子问："怎么进步了呢？"颜回说："我'坐忘'了。"孔子惊奇地问："什么叫'坐忘'？"颜回答道："不着意于自己的肢体，不卖弄自己的聪明，超脱形体，抛弃智巧，从而与大道浑然为一，这就是坐忘。"孔子说："与万物同一就没有偏私，顺应

也，化则无常也。而果其贤乎！丘也请从而后也。"

子舆与子桑友。而霖雨十日。子舆曰："子桑殆病矣！"裹饭而往食之。至子桑之门，则若歌若哭，鼓琴曰："父邪！母邪！天乎！人乎！"有不任其声而趋举其诗焉。

子舆入，曰："子之歌诗，何故若是？"

曰："吾思夫使我至此极者而弗得也。父母岂欲吾贫哉？天无私覆，地无

变化就不执滞常理。你果真是贤人啊！作为老师，我也希望能追随于你。"

子舆和子桑是好朋友，阴雨连绵下了十日，子舆说："子桑恐怕要饿坏了吧！"于是带着饭食去给他吃。到了子桑门前，他听见子桑好像在屋里唱歌，又像在哭泣，听到他弹着琴唱到："父亲啊！母亲啊！天啊！人啊！"声音微弱，歌声急促。

子舆走进屋子说："你唱的词，为什么是这种调子呢？"

子桑回答说："我在探寻使我陷入这般困窘之地的原因，然而却没有找到。父母难道会希望我贫困吗？苍天没有偏私覆盖大

私载，天地岂私贫我哉？求其为之者而不得也！然而至此极者，命也夫！"

地，大地没有偏私托载众生，天地难道会单单让我贫困吗？遍寻使我贫困的东西却没能找到。然而我却就是如此，这是命吧！"

应帝王第七

啮缺问于王倪,四问而四不知。啮缺因跃而大喜,行以告蒲衣子。蒲衣子曰:"而乃今知之乎?有虞氏不及泰氏。有虞氏其犹藏仁以要人,亦得人矣,而未始出于非人。泰氏其卧徐徐,其觉于于。一以

啮缺向王倪求教,四次提问王倪都不能作答。啮缺高兴得跳了起来,跑去告诉蒲衣子这些情况。蒲衣子说:"你现在知道了吗?虞舜比不上伏羲氏。虞舜心怀仁义以笼络人心,虽然获得了百姓的拥戴,但还没能超出外物的羁绊。伏羲氏睡觉时安闲舒适,清醒时自由自在;听任人们将他看作马和牛;他的智识真实

己为马,一以己为牛。其知情信,其德甚真,而未始入于非人。"

可靠,他的德行纯真可信,从来不会受到外物的羁绊。"

肩吾见狂接舆。狂接舆曰:"日中始何以语女?"肩吾曰:"告我:君人者以己出经式义度,人孰敢不听而化诸!"狂接舆曰:"是欺德也。其于治天下也,犹涉海凿河而使蚊负山也。夫圣人之治也,治外乎?正而后行,确乎能其事者而已矣。且鸟高飞以避矰(zēng)弋之害,鼷(xī)鼠深

肩吾去见狂人接舆。接舆问:"日中始对你说了些什么?"肩吾说:"他告诉我,做国君凭借自己的意志来制定和推行法度,百姓谁敢不听从而跟随呢?"接舆说:"这是欺骗,按照那样治理天下,就像徒步下海开凿河道,让蚊虫背负大山一样。圣人治理天下,难道只是用法度治理表象吗?圣人先正自己的为人而后感化他人,任用他人各尽所能罢了。鸟儿尚且知道高飞来躲避弓箭的伤害,老鼠尚且知道深藏于神坛下的洞穴以逃避烟熏斧凿,人连这两种会避祸的小动物都还

穴乎神丘之下以避熏凿之患，而曾二虫之无知？"

不如吗？"

天根游于殷阳，至蓼水之上，适遭无名人而问焉，曰："请问为天下。"无名人曰："去！汝鄙人也，何问之不豫也！予方将与造物者为人，厌则又乘夫莽眇（miǎo）之鸟，以出六极之外，而游无何有之乡，以处圹（kuàng）埌（làng）之野。汝又何帠（yì）以治天下感予之心为？"又复问，无名人曰："汝游心于淡，

天根在殷山南悠闲地游玩，来到蓼水河边，正巧遇上无名人，于是向他求教说："请问治理天下的方法。"无名人说："走开，你这个浅薄的人，为什么要问这种让人不愉快的问题！我正要和造物者交游，厌烦了，便乘坐那'渺茫之鸟'，超脱于天地之外，游于'无何有之乡'，居处在空旷无垠的旷野。你怎么还用这种治理天下的胡话来扰乱我的心呢？"天根接着追问。无名人说："你应心处恬淡之境，形气聚合于淡漠之地，顺应事物的自然本性而不用半点个人的偏私，天下就得到治理了。"

合气于漠,顺物自然而无容私焉,而天下治矣。"

阳子居见老聃,曰:"有人于此,向疾强梁,物彻疏明,学道不倦,如是者,可比明王乎?"老聃曰:"是于圣人也,胥易技系,劳形怵心者也。且也虎豹之文来田,猨狙之便来藉。如是者,可比明王乎?"阳子居蹴然曰:"敢问明王之治。"老聃曰:"明王之治:功盖天下而似不自己,化贷万物而民弗恃。有莫

阳子居拜见老聃,说:"倘若现在有这样一个人,敏捷强悍,洞察透彻,学道专心勤奋,从不倦怠。像这样的人,可以跟圣哲之君主相比吗?"老聃说:"在圣人看来,这种人就像聪明的小吏,供职办事时为技能所累,劳苦自身而担惊受怕。况且虎豹因为毛色美丽而招来众多猎人围捕,猕猴因为跳跃敏捷而被绳索拘缚。这样的动物可以拿来跟圣哲之君主相提并论吗?"阳子居听了这番话,脸色大变,说:"冒昧地请教圣哲之王怎么治理天下。"老聃说:"圣哲之王治理天下,功绩普盖天下却像和

举名，使物自喜。立乎不测，而游于无有者也。"

自己毫无关系，教化施及万物而百姓却不觉得有所依赖，功德无量却没有什么办法称颂赞美，使万事万物各居其所、欣然自得。立足于高深莫测之境，而生活在什么也不存在的世界里。"

郑有神巫曰季咸，知人之死生存亡、祸福寿夭，期以岁月旬日若神。郑人见之，皆弃而走。列子见之而心醉，归以告壶子，曰："始吾以夫子之道为至矣，则又有至焉者矣。"壶子曰："吾与汝既其文，未既其实。而固得道与？众雌而无雄，而又奚卵焉！

郑国有个善于占卜相面的巫师，名叫季咸，他能够预知人的生死存亡和祸福寿夭，所预卜的年、月、日都准确应验，仿佛是神人。郑国人见了他，会慌忙逃开。列子见了他，为之折服，回来后把所见的一切告诉壶子，说："以前我以为先生的道行最为高深，现在知道还有更为高深的。"壶子说："我教你的还全是道的外在，还未能教给你道的实质，你就以为已经得道了吗？只有雌性而没有雄性，怎么能生

而以道与世亢，必信，夫故使人得而相汝。尝试与来，以予示之。"

明日，列子与之见壶子。出而谓列子曰："嘻！子之先生死矣！弗活矣！不以旬数矣！吾见怪焉，见湿灰焉。"列子入，泣涕沾襟，以告壶子。壶子曰："乡吾示之以地文，萌乎不震不正，是殆见吾杜德机也。尝又与来。"

明日，又与之见壶子。出而谓列子曰："幸矣！子之先生遇我也，有瘳矣！

出卵呢！你用所学的道的皮毛去取信于人，而让人洞察底细。试着请他一起来，让他给我看看相吧。"

第二天，列子带着季咸一道见壶子。季咸出来之后就对列子说："哎呀！你的先生快要死了！活不了多久了！也就大约十来天吧！我观察到他临死前的怪异神色，像遇水的灰烬一样快要熄灭了。"列子进到屋里，伤心得泪水把衣襟都打湿了，将季咸的话告诉壶子。壶子说："刚才我将寂然不动的心境显露给他看，茫茫然毫无震动和止息。他大概看到我闭塞的生机。试试再请他来看看。"

下一日，列子带着季咸再次拜见壶子。季咸走出门就对列子说："幸运啊，你的先生幸亏遇上了我！症兆减轻了，彻底有救

117

全然有生矣！吾见其杜权矣！"列子入，以告壶子。壶子曰："乡吾示之以天壤，名实不入，而机发于踵。是殆见吾善者机也。尝又与来。"

明日，又与之见壶子。出而谓列子曰："子之先生不齐，吾无得而相焉。试齐，且复相之。"列子入，以告壶子。壶子曰："吾乡示之以以太冲莫胜，是殆见吾衡气机也。鲵桓之审为渊，止水之审为渊，流水之审为渊。渊有九名，此处三

了！我已经观察到他闭塞的生机有精气微动的情形。"列子回到屋里，将季咸的话告诉壶子。壶子说："刚才我将天与地之间的生机显露给他看，名利等一切杂念都排除在外，一线生机从脚后跟发散至全身。他恐怕是看到了我的一线生机。试着再请他一起来看看。"

又过一日，列子带着季咸一道拜见壶子。季咸走出门来对列子说："你的先生精神恍惚，我根本没办法给他看相。等他精神稳定了，我再来给他看相吧。"列子回到屋里，将季咸的话告诉壶子。壶子说："刚才我显露出虚无缥缈的毫无征兆之气给他看。他恐怕看到我内气持平的生机。大鱼盘桓逗留的地方叫作深渊，静止的水聚积的地方叫作深渊，流动的水滞留的地方叫作深

焉。尝又与来。"

明日，又与之见壶子。立未定，自失而走。壶子曰："追之！"列子追之不及。反，以报壶子曰："已灭矣，已失矣，吾弗及已。"壶子曰："乡吾示之以未始出吾宗。吾与之虚而委蛇，不知其谁何，因以为弟靡，因以为波流，故逃也。"

然后列子自以为未始学而归，三年不出。为其妻爨，食豕如食人，于事无与亲。雕琢复朴，块然独以其形立。纷而封哉，一以是终。

渊。渊有九种，我只给他看到三种。试着再请他一起来看看。"

又一日，列子带着季咸一道拜见壶子。季咸还未站定，就惊慌失措地逃了出来。壶子说："追上他！"列子没能追上，回来告诉壶子说："已经跑得不见踪影了，也找不到了，我没能赶上他。"壶子说："刚才我并未给他显露出我的根本大道。我跟他随意应付，让他捉摸不定，正如草木随风飘摇，如水波逐流一样，所以他逃跑了。"

这件事之后，列子才知道自己之前拜师并未学到什么，于是返回自己家里，三年不出门。他帮助妻子烧火做饭，喂猪就像侍候人一样认真恭敬。对于各种世事不分亲疏没有偏私，抛弃雕琢和浮华而恢复到原本的质朴和纯

庄子

无为名尸，无为谋府，无为事任，无为知主。体尽无穷，而游无朕。尽其所受乎天，而无见得，亦虚而已！圣人之用心若镜，不将不迎，应而不藏，故能胜物而不伤。

南海之帝为儵(shū)，北海之帝为忽，中央之帝为浑沌。儵与忽时相与遇于浑沌之地，浑沌待

真，如大地一般质朴，处于世间的纷扰中却能固守本真，终生保持这样的本色。

不成为名利的宿主，不成为谋略的居所；不被世事负担所拖累，不被智巧心机所所主宰。体会无穷的大道，自在游于寂静无痕之境；尽一切从自然所禀受的本性，从不表露也从不自得，就是达到心境空明淡泊的境界了。圣人的心思就像一面镜子，任由外物来去而不送不迎，应合事物本身而从不有所隐藏，所以能够反映外物而不会损心劳神。

南海的帝王名叫儵，北海的帝王名叫忽，中央的帝王叫浑沌。儵与忽常常去浑沌之处聚会，浑沌待他们很好，儵和忽一起商量，如何报答浑沌的深厚情

之甚善。儵与忽谋报浑沌之德,曰:"人皆有七窍,以视听食息,此独无有,尝试凿之。"日凿一窍,七日而浑沌死。

谊,说:"人人都有七窍,用来听、看、吃东西和呼吸,唯独浑沌没有,我们试着帮他凿开七窍吧。"于是,他们便每天为浑沌凿出一个孔窍,七天之后,浑沌就死掉了。

庄子

外篇

骈拇第八

骈（pián）拇枝指出乎性哉，而侈于德；附赘县疣出乎形哉，而侈于性；多方乎仁义而用之者，列于五藏哉，而非道德之正也。是故骈于足者，连无用之肉也；枝于手者，树无用之指也；多方骈枝于五

连在一起的脚趾和多长出的手指虽然都是天生的，但对于正常人来说却是多余的。长在人身上的肉瘤，虽然也是长在身上，但对于人的身体而言也是多余的。用尽各种方法推行仁义，把它匹配人的五脏，这不是道德的中正之道。所以，脚上连生的脚趾，只是连结无用的肉；手上多出的手指，也是长

藏之情者,淫僻于仁义之行,而多方于聪明之用也。

是故骈于明者,乱五色,淫文章,青黄黼黻之煌煌非乎?而离朱是已!多于聪者,乱五声,淫六律,金、石、丝、竹、黄钟、大吕之声非乎?而师旷是已!枝于仁者,擢德塞性以收名声,使天下簧鼓以奉不及之法非乎?而曾、史是已!骈于辩者,累瓦、结绳、窜句,游心于坚白同异之间,而敝跬誉无用之言非乎?而

出无用的手指;各种多余的东西对于人的天性来说,就像是错误地推行仁义,这种迷乱不正的行为,真是等于滥用了自己敏捷的耳目。

所以,眼光过度敏锐的人,扰乱五色,滥用文采,不就像是青黄相间的华丽服饰的花纹一样炫人眼目吗?离朱就是如此。听觉过于灵敏的人,搅乱五音,混淆六律,岂不像是金、石、丝、竹发出的黄钟、大吕般的动听乐声一样令人沉迷吗?师旷就是这样。超出本体地去倡导仁义的人,难道不是靠拔高道德、闭塞真性来沽名钓誉,使天下人竞相去奉守做不到的礼法吗?曾参和史鰌就是如此。对于善于言辞的人来说,不就是堆砌辞藻,咬文嚼字,一心诡辩,这样不就是在费力地饶舌,以追求短

杨、墨是已！故此皆多骈旁枝之道，非天下之至正也。

彼至正者，不失其性命之情。故合者不为骈，而枝者不为跂（qí）；长者不为有余，短者不为不足。是故凫胫虽短，续之则忧；鹤胫虽长，断之则悲。故性长非所断，性短非所续，无所去忧也。意仁义其非人情乎！彼仁人何其多忧也。

……

暂的声誉吗？杨朱和墨翟就是如此。所以说这些都是多余的不正之法，不是天下的至理和正道。

所谓的至理正道，就是不违反事物本性，顺应自然之理。所以说骈拇不算连生，六指也不算是多余，长不等于过分，短不等于不足。所以说，野鸭腿虽短，但接长一截就会很痛苦；鹤腿虽长，但截去一段，它也肯定很悲哀。事物本性是长的就不可以随意截短，事物本性是短的就不可以随意接长，这样一来也就没有什么可忧虑的了。噫！仁义恐怕不是人所固有的本性吧？那些倡导仁义的人怎么会有那么多担忧呢？

……

且夫待钩绳规矩而正者，是削其性者也；待绳约胶漆而固者，是侵其德者也；屈折礼乐，呴（xǔ）俞仁义，以慰天下之心者，此失其常然也。天下有常然。常然者，曲者不以钩，直者不以绳，圆者不以规，方者不以矩，附离不以胶漆，约束不以缧索。故天下诱然皆生，而不知其所以生；同焉皆得，而不知其所以得。故古今不二，不可亏也。则仁义又奚连连如胶漆缧索，而游乎道德之间为哉！使天下

用曲尺、墨线、圆规、角尺来修正事物，这样就损伤了事物的本性；用绳索、胶漆来固定事物，这样就伤害了事物的本然；用礼乐和仁义来对人民进行抚爱和教化，以此抚慰天下民心的，这样也违背了人的自然之态。天下万物都有它们的自然之态。所谓自然之态，就是弯的不是靠曲尺而弯，直的不是靠墨线而直，圆的不是靠圆规而圆，方的不是靠角尺而方，分开的东西附在一起不是靠胶和漆的粘合，单个的东西束在一起不是靠绳索的捆绑。所以，天下万物都自然生长，却不知其何以生长，天下万物各有所得，却不知其何以有所得。古往今来，道理为一，不能用人为的方法来违背自然的本性。所以，仁义为什么要无休止地像胶漆绳索一样人为地混入自

惑也!
……

然本性之中呢?这真是使天下人大惑不解啊!
……

马蹄第九

马，蹄可以践霜雪，毛可以御风寒。龁（hé）草饮水，翘足而陆，此马之真性也。虽有义台路寝，无所用之。及至伯乐，曰："我善治马。"烧之，剔之，刻之，雒（luò）之。连之以羁馽（zhí），

马，蹄可以践踏霜雪，毛可以抵御风寒，饿了吃草，渴了喝水，想跳就扬蹄跳跃，这就是马的天性。即使有高台大殿，对马来说毫无意义。后来世上出了伯乐，他说："我擅长驯马。"于是用烙铁烙上印记，用剪刀修剪马鬃，用凿子削掉马蹄甲，用笼头将马套住，把马按顺序拴进马槽马棚，这样一来马的天性

编之以皁（zào）栈，马之死者十二三矣！饥之渴之，驰之骤之，整之齐之，前有橛饰之患，而后有鞭策之威，而马之死者已过半矣！陶者曰："我善治埴。圆者中规，方者中矩。"匠人曰："我善治木。曲者中钩，直者应绳。"夫埴木之性，岂欲中规矩钩绳哉！然且世世称之曰："伯乐善治马，而陶匠善治埴木。"此亦治天下者之过也。

……

就损伤了十之二三。再让马儿耐饿受渴，驱赶它们，让它们急速奔驰，让它们步伐整齐，行动划一，前有马嚼子和马缨拴着，后有皮鞭和竹条的威逼，这样一来马的天性就损伤过半了。陶匠说："我善于制作陶器，能让圆的合乎圆规，方的合乎角尺。"木匠说："我善于整治木材，能使弯的合于钩弧，直的跟墨线吻合。"粘土和木材的本性难道就是希望去迎合圆规、角尺、钩弧、墨线吗？但是世人却代代称赞他们说："伯乐善训马而陶匠、木匠善制陶器和木器。"这也是那些治理天下的人的过错啊！

……

胠箧第十

将为胠（qū）箧（qiè）探囊发匮之盗而为守备，则必摄缄（jiān）縢（téng），固扃（jiōng）鐍（jué），此世俗之所谓知也。然而巨盗至，则负匮揭箧担囊而趋，唯恐缄縢扃鐍之不固也。然则乡之所谓知者，

为了防备撬箱子、掏口袋、开柜子的小偷，必定要收紧绳子、加固锁闩，这是世人公认的聪明做法。可是一旦大盗来了，就会直接背着柜子、扛着箱子、挑着口袋快步跑了，这时的他们还唯恐绳子、锁闩不够牢固呢。既然如此，那么先前所谓的聪明做法，不就是给大盗们做好了准备吗？

不乃为大盗积者也？

故尝试论之：世俗之所谓知者，有不为大盗积者乎？所谓圣者，有不为大盗守者乎？何以知其然邪？

昔者齐国邻邑相望，鸡狗之音相闻，罔罟（gǔ）之所布，耒耨（nòu）之所刺，方二千余里。阖四竟之内，所以立宗庙社稷，治邑屋州闾乡曲者，曷尝不法圣人哉？然而田成子一旦杀齐君而盗其国，所盗者岂独其国邪？并与其圣知之法而盗之，故田成子有乎盗贼之名，而身处

因此我们试着讨论一下这个问题：世俗所谓的聪明人，有不替大盗准备财物的吗？所谓的圣人，有不替大盗守护财物的吗？为什么这么说呢？

当年的齐国，邻村相望，鸡犬之声相闻，从撒下鱼网的水面，到犁锄所耕作的土地，方圆两千多里。整个国境之内，所有设立宗庙、社稷的地方，所有的邑、屋、州、闾、乡、里，何尝不是在效法古代圣人的做法！然而田成子一朝杀了齐国的国君，窃取了整个齐国。他所窃取的难道仅仅只是一个齐国吗？他是连同那里圣人的法规和制度也一块儿盗去了。而田成子虽然有盗贼之名，却仍安居尧舜之位，小国不敢非议他，大国不敢讨伐他，

尧、舜之安。小国不敢非,大国不敢诛,十二世有齐国,则是不乃窃齐国,并与其圣知之法,以守其盗贼之身乎?

尝试论之:世俗之所谓至知者,有不为大盗积者乎?所谓至圣者,有不为大盗守者乎?何以知其然邪?

昔者龙逢斩,比干剖,苌弘胣(chǐ),子胥靡。故四子之贤,而身不免乎戮。故跖之徒问于跖曰:"盗亦有道乎?"跖曰:"何适而无有道邪?夫妄意室中之藏,圣也;入先,勇

任凭他世世代代窃据齐国。这不就是窃取了齐国,并窃取了圣人的法制,用来守卫他的盗贼之身吗?

我们继续讨论:世俗所谓的聪明人,有不替大盗积聚财物的吗?所谓的圣人,有不替大盗守护财物的吗?为什么这么说呢?

从前龙逢被斩首,比干被挖心,苌弘被掏肚,伍子胥被抛尸江中任其腐烂。即使像上面四个人那样的贤能之士,仍不能免于被杀戮。因而盗跖的门徒向盗跖问道:"做强盗也有道吗?"盗跖回答说:"做什么能没有道呢?能推测出屋里藏着什么财物,这就是圣明;能够率先进到

也；出后，义也；知可否，知也；分均，仁也。五者不备而能成大盗者，天下未之有也。"

由是观之，善人不得圣人之道不立，跖不得圣人之道不行。天下之善人少而不善人多，则圣人之利天下也少而害天下也多。故曰：唇竭则齿寒，鲁酒薄而邯郸围，圣人生而大盗起。掊击圣人，纵舍盗贼，而天下始治矣。

夫川竭而谷虚，丘夷而渊实。圣人已死，则大盗不起，天

屋里，这就是勇敢；撤退时能主动断后，这就是义气；能判断可否采取行动，这就是智慧；事后分赃公平，这就是仁爱。这五样如果不能具备，那就成不了真正的大盗。"

以此看来，善人不懂得圣人之道便不能立业，盗跖不懂得圣人之道便不能行窃。天下的善人少，而不善的人多，那么圣人给天下带来好处也就少，而给天下带来祸患也就多。所以说：唇亡齿寒，鲁侯奉献的酒淡致使邯郸被围，圣人出，而大盗兴。打倒圣人，放走盗贼，天下就能太平了。

溪水干涸，山谷就会空旷；山丘夷平，深渊就能填满。圣人死了，大盗就不会兴起，天下就

下平而无故矣！圣人不死，大盗不止。虽重圣人而治天下，则是重利盗跖也。为之斗斛以量之，则并与斗斛而窃之；为之权衡以称之，则并与权衡而窃之；为之符玺以信之，则并与符玺而窃之；为之仁义以矫之，则并与仁义而窃之。何以知其然邪？彼窃钩者诛，窃国者为诸侯，诸侯之门而仁义存焉，则是非窃仁义圣知邪？故逐于大盗，揭诸侯，窃仁义并斗斛权衡符玺之利者，虽有轩冕之赏弗能劝，斧钺之威弗能禁。此重利盗

太平无事了。圣人不死，大盗也会一直存在。虽然重用圣人是为了治理天下，但同时也让盗跖得到了好处。圣人为了公平，给天下人制定斗、斛来计量物品的多少，结果盗贼连同斗斛也一道盗走了；圣人给天下人制定秤锤、秤杆来计量物品的轻重，盗贼连同秤锤、秤杆也一道盗走了；圣人给天下人制定符、玺来取信于人，盗贼就连同符、玺一道盗走了；给天下人制定仁义来规范人的道义行为，而盗贼就连同仁义也一道盗走了。何出此言呢？那些偷窃钩子的人被用刑诛杀，而窃取了整个国家的人却成为诸侯；诸侯们都以仁义自居，这不就等于是盗取了仁义和圣智吗？所以，那些追随大盗，高居诸侯之位，窃夺了仁义以及斗斛、秤具、符玺之利的人，即使有高官

跖而使不可禁者，是乃圣人之过也。故曰："鱼不可脱于渊，国之利器不可以示人。"彼圣人者，天下之利器也，非所以明天下也。

……

厚禄，也无法劝阻他们，即使有刑罚杀戮，也无法禁绝他们。这些大有利于盗跖而难以禁止的情况，都是圣人的过错。所以说："鱼不能脱离深潭，治国的利器不可随意拿给人看。"那些所谓的圣人，就是治理天下的利器，是不能用来明示天下的。

……

在宥第十一

闻在宥天下,不闻治天下也。在之也者,恐天下之淫其性也;宥之也者,恐天下之迁其德也。天下不淫其性,不迁其德,有治天下者哉?昔尧之治天下也,使天下欣欣焉人乐其性,是不恬也;桀之

只听说听任天下自在发展的,没听说要对天下进行治理的。听任百姓自由生活,是怕人们改变了原本的天性;让百姓宽松安逸、各得其所,是因为担忧人们改变了自然的常态。百姓不改天性,遵循自然之态,哪里还用得着治理天下呢!从前唐尧治理天下,百姓欣喜若狂,这样就不安宁了;后来夏桀治理天下,

治天下也，使天下瘁瘁焉人苦其性，是不愉也。夫不恬不愉，非德也；非德也而可长久者，天下无之。

人大喜邪，毗于阳；大怒邪，毗于阴。阴阳并毗，四时不至，寒暑之和不成，其反伤人之形乎！使人喜怒失位，居处无常，思虑不自得，中道不成章。于是乎天下始乔诘卓鸷，而后有盗跖、曾、史之行。故举天下以赏其善者不足，举天下以罚其恶者不给。故天下之大，不足以赏罚。自三代以下者，匈匈焉终以赏

百姓痛苦不堪，这样就不快乐了。不安宁和不快乐，都并非人们生活处世的自然之态。不合乎自然之态而可以长久存在的，天底下是没有的。

人过于快乐，定会损伤阳气；人过于愤怒，就会损伤阴气。阴阳二气相互侵害，四时就不会顺应而至，寒暑交替就会失去调和，这样恐怕就会伤及自身！使人喜怒失常，居处没有定规，思虑不得要领，办事没有章法，天下就会出现自负、苛责、高傲、暴戾等现象，而后便会出现盗跖、曾参、史鳟那般不和谐的行为。所以，倾天下所有之力来奖励善行也还不足，倾天下所有之力来惩戒劣迹也嫌不够。天下之大，仍不足以赏善罚恶。自夏、商、周三代以来，君主们喋喋不休地把赏善罚恶当作当务之

罚为事，彼何暇安其性命之情哉！

而且说明邪，是淫于色也；说聪邪，是淫于声也；说仁邪，是乱于德也；说义邪，是悖于理也；说礼邪，是相于技也；说乐邪，是相于淫也；说圣邪，是相于艺也；说知邪，是相于疵也。天下将安其性命之情，之八者，存可也，亡可也。天下将不安其性命之情，之八者，乃始脔（luán）卷獊（cāng）囊而乱天下也。而天下乃始尊之惜之。甚矣，天下之惑也！岂直过也而去

急，他们又哪有心思去安定百姓的天性呢！

你喜好目明吗？那就会沉溺于美色。喜好耳聪吗？那就会沉溺于声乐。喜好仁爱吗？那就会扰乱人的自然之态。喜好道义吗？那就会违背自然之理。喜好礼仪吗？那就会助长繁琐的技巧。喜好音乐吗？那就助长了淫乐。喜好圣智吗？那就助长了技艺的泛滥。喜好智巧吗？那就助长了纠缠是非的争辩。若天下人想要安于自然的本性，这八种做法，可存可弃；若天下人不想安于自然的本性，这八种做法，就会使人纠缠不清、扰攘纷争，从而迷乱天下了。可是，天下人竟然会尊崇它，珍惜它，天下人竟为其所迷惑到如此地步！这种种现象哪里会在短暂停留后就被人们忘却呢！人们还虔诚地谈论

之邪！乃齐戒以言之，跪坐以进之，鼓歌以儛之。吾若是何哉！

故君子不得已而临莅天下，莫若无为。无为也，而后安其性命之情。故贵以身于为天下，则可以托天下；爱以身于为天下，则可以寄天下。故君子苟能无解其五藏，无擢其聪明，尸居而龙见，渊默而雷声，神动而天随，从容无为，而万物炊累焉。吾又何暇治天下哉！

它，恭敬地传颂它，欢欣地供奉它，对此我又能怎么样呢！

所以，君子不得不治理天下的话，就不如一切顺其自然。顺其自然方才能使百姓保有天性。正因如此，看重自身甚于看重统治天下的人，便可把天下交给他；爱护自身甚于爱护天下的人，便可以把天下托付给他。也正因如此，君子如果能够不袒露胸中灵气，不表明自己的才华智慧，那就会安然不动而精神腾飞，沉默不语而感人至深，思想合乎天理，行为从容不迫、顺应自然，万事万物自由自在宛如炊烟一般。我又何必多加忧虑而去治理天下呢！

崔瞿问于老聃曰："不治天下，安藏人心？"老聃曰："汝慎，无撄人心。人心排下而进上，上下囚杀，淖约柔乎刚强，廉刿（guì）雕琢，其热焦火，其寒凝冰。其疾俯仰之间而再抚四海之外，其居也渊而静，其动也县而天。偾（fèn）骄而不可系者，其唯人心乎！

"昔者黄帝始以仁义撄人之心，尧、舜于是乎股无胈（bá），胫无毛，以养天下之形。愁其五藏以为仁义，矜其血气

崔瞿子向老聃请教："不去治理天下，怎么能使人心向善呢？"老聃回答说："你应谨慎为之，而不应随意扰乱人心。人心压抑便消沉颓丧，一旦得志便趾高气扬，这样就如同被拘禁束缚一样，唯有柔弱顺应方能化为刚强。过于方正而棱角外露就容易受到损伤，情绪激烈如同熊熊大火，情绪低落时像凛凛寒冰。内心变化在瞬息之间，俯仰之间便能巡游四海之外，静时如身处深渊，动时如腾于天际。骄矜而不受拘束的，恐怕就只有人的内心了吧！

"当年黄帝用仁义来扰乱人心，尧和舜为了效法疲于奔波，累得腿上无肉，胫上无毛，以此来养育天下众生，满心焦虑地推行仁义，耗费心血来制定法度，然而还是未能治理好天下。此后

以规法度。然犹有不胜也。尧于是放谨（huān）兜于崇山，投三苗于三峗，流共工于幽都，此不胜天下也，夫施及三王而天下大骇矣。下有桀、跖，上有曾、史，而儒、墨毕起。于是乎喜怒相疑，愚知相欺，善否相非，诞信相讥，而天下衰矣；大德不同，而性命烂漫矣；天下好知，而百姓求竭矣。于是乎钘（jīn）锯制焉，绳墨杀焉，椎凿决焉。天下脊脊大乱，罪在撄人心。故贤者伏处大山嵁（kān）岩之下，而万乘之君忧慄

尧将谨兜放逐到崇山，将三苗放逐到三峗，将共工放逐到幽都，这些就是没能治理好天下的明证。到了夏、商、周三代，天下就更扰攘不安了。下有夏桀、盗跖之辈，上有曾参、史鱼之流，又有儒家和墨家纷纷兴起。这样一来或喜或怒，相互猜疑，或愚或智，相互欺诈，或善或恶，相互指责，或妄或信，相互讥讽，天下也就逐渐衰败了；基本观念和生活态度如此不同，人的天性也就混乱了；天下都追求智巧，百姓便丧失了本性。于是以刑具来制裁他们，用法度来约束他们，用肉刑来惩处他们。天下相互践踏而大乱，这罪过就是圣人和君主们扰乱了人心。因此贤能的人隐居于高山深谷，而帝王诸侯则忧虑惊恐于朝堂之上。

乎庙堂之上。

"今世殊死者相枕也,桁(háng)杨者相推也,刑戮者相望也,而儒墨乃始离跂攘臂乎桎梏之间。意,甚矣哉!其无愧而不知耻也甚矣!吾未知圣知之不为桁杨椄(jié)槢(xí)也,仁义之不为桎梏凿枘(ruì)也,焉知曾、史之不为桀、跖嚆(hāo)矢也!故曰:'绝圣弃知,而天下大治。'"

黄帝立为天子十九年,令行天下,闻广成子在于空同之

"当今之世,被砍了头的人多得尸体相枕藉,戴脚镣手铐坐大牢的人接踵而行,被用过刑的人更是举目皆然,而儒家、墨家竟然在枷锁和羁绊中大谈仁义。唉,真是太过分了!他们不知羞愧竟然达到如此地步!我不知道那所谓的圣智不是脚镣手铐上用作连接左右两部分的插木,我也不明白那所谓的仁义不是枷锁上用作加固的孔穴和木榫,又怎么知道曾参和史鰌之流不是夏桀和盗跖的先导!所以说,'灭绝圣人,抛弃智慧,天下才能太平无事'。"

黄帝做了十九年天子,政令通行于天下。他听说广成子住在空同山上,就前往拜访他,说:

上，故往见之，曰："我闻吾子达于至道，敢问至道之精。吾欲取天地之精，以佐五谷，以养民人。吾又欲官阴阳，以遂群生，为之奈何？"

广成子曰："而所欲问者，物之质也；而所欲官者，物之残也。自而治天下，云气不待族而雨，草木不待黄而落，日月之光益以荒矣，而佞人之心翦翦者，又奚足以语至道！"

黄帝退，捐天下，筑特室，席白茅，闲居三月，复往邀之。

广成子南首而

"我听说先生已经通晓至道，想请教至道的精髓是什么。我一心想获取天地之灵气，用以使五谷生长，养育百姓。我又希望能主宰阴阳，以顺应万物，对此我该怎么办？"

广成子回答说："你所想问的，是大道的根本；你所想主宰的，是大道的残渣。自从你治理天下以来，天上的云气不等聚集就下起雨来，地上的草木不等枯黄就已凋落，日月之光也渐渐晦暗下来，谗谄的小人心地是那么偏狭恶劣，怎敢妄论大道！"

黄帝听后便回去了，废黜朝政，筑起静室，铺着洁白的茅草，谢绝访客，独居三月，之后再次前往求教。

广成子头朝南而卧，黄帝在

卧,黄帝顺下风,膝行而进,再拜稽首而问曰:"闻吾子达于至道,敢问治身奈何而可以长久?"广成子蹶然而起,曰:"善哉问乎!来,吾语女至道:至道之精,窈窈冥冥;至道之极,昏昏默默。无视无听,抱神以静,形将自正。必静必清,无劳女形,无摇女精,乃可以长生。目无所见,耳无所闻,心无所知,女神将守形,形乃长生。慎女内,闭女外,多知为败。我为女遂于大明之上矣,至彼至阳之原也;为女入于

他的下方,跪着走近,叩头行了大礼后问道:"听说先生已经通晓至道,冒昧请教,如何修身养性,才能活得长久?"广成子一下子挺身而起,说:"问得好!来,我告诉你什么是至道。至道的精髓,幽深渺远;至道的极致,晦暗沉寂。眼不看多余之物,耳不闻多余之声,精神保持宁静,身体自然可以长寿。内心保持清静,不要使身体疲累受苦,不要使精神动荡恍惚,这样方是长生之道。眼睛什么也不看,耳朵什么也不听,内心什么也不想,使精神可以保守形体,形体便能长生。小心谨慎地摒除一切思虑,封闭起对外的一切感官,智巧太盛定然招致败亡。我助你达到最光明的境地,到达那阳气的本原。我助你进入到幽玄深奥的大门,直达那阴气的本

窈冥之门矣，至彼至阴之原也。天地有官，阴阳有藏。慎守女身，物将自壮。我守其一，以处其和。故我修身千二百岁矣，吾形未常衰。"

黄帝再拜稽首曰："广成子之谓天矣！"

广成子曰："来！吾语女：彼其物无穷，而人皆以为有终；彼其物无测，而人皆以为有极。得吾道者，上为皇而下为王；失吾道者，上见光而下为土。今夫百昌皆生于土而反于土。故余将去女，入无穷之门，以游无

原。天和地都各有主宰，阴和阳都各有府藏。谨慎守护自己的身体，万物就会茁壮成长。我持守大道，体内阴阳二气和谐。所以我修身至今已经一千二百年，而我的身体还没有衰老。"

黄帝再次扣头行了大礼说："先生真是与自然合为一体了！"

广成子又说："来，我告诉你。宇宙万物是没有尽头的，然而人们却认为有个尽头；宇宙间的事物是深不可测的，然而人们却认为有个极限。掌握了我所说的大道的人，上可以为皇帝，下可以为王侯；无法领会我所说的大道的人，上只能见日月之光，下只能化为泥土而已。不过万物昌盛却又都生于泥土又尽归泥土，所以我将离你而去，进入那

庄子

极之野。吾与日月参光,吾与天地为常。当我缗乎,远我昏乎!人其尽死,而我独存乎!"

……

无穷无尽的大门,遨游在没有边界的旷野。我将与日月同光,我将与天地共存。向我而来的,我无意察觉!背我而去的,我无所在意!凡人皆有一死,唯我独存于世间。"

……

天地第十二

天地虽大，其化均也；万物虽多，其治一也；人卒虽众，其主君也。君原于德，而成于天。故曰：玄古之君天下，无为也，天德而已矣。

以道观言，而天下之君正；以道观

天地虽大，它的变化却是均衡的；万物虽多，不过它们都能各得其所；百姓虽众，不过都得由君主来统治。国君管理天下要以顺应事物为根本而成事于自然。所以说，远古的君主统驭天下，一切都出自无为，听任自然、顺其自得罢了。

用道来看待称谓，天下所有的国君都是名正言顺的；用道来

分，而君臣之义明；以道观能，而天下之官治；以道泛观，而万物之应备。故通于天地者，德也；行于万物者，道也；上治人者，事也；能有所艺者，技也。技兼于事，事兼于义，义兼于德，德兼于道，道兼于天。故曰：古之畜天下者，无欲而天下足，无为而万物化，渊静而百姓定。《记》曰："通于一而万事毕，无心得而鬼神服。"

夫子曰："夫道，

看待职分，君臣各自承担的道义就分明了；用道来看待才干，那么天下的官吏都可谓称职；用道来纵览万物，则万物都自得自足。所以，贯穿于天地的是顺应自得的"德"；通行于万物的是听任自然的"道"；君主治理天下，就是要让人各尽其能，各任其事；想让能力和才干充分发挥，就要发挥自己的各种技巧。技巧归结于事务，事务归结于义理，义理归结于顺应自得的"德"，"德"归结于听任自然的"道"，听任自然的"道"归结于事物的本性。所以说，古代的君主，无所求而天下富足，无所为而万物自得，深沉静默而人心安定。《记》中说："通晓大道因而万事圆满，无欲无求而鬼神敬服。"

夫子说："道，是覆盖和托

覆载万物者也，洋洋乎大哉！君子不可以不刳（kū）心焉。无为为之之谓天，无为言之之谓德，爱人利物之谓仁，不同同之之谓大，行不崖异之谓宽，有万不同之谓富。故执德之谓纪，德成之谓立，循于道之谓备，不以物挫志之谓完。君子明于此十者，则韬乎其事心之大也，沛乎其为万物逝也。若然者，藏金于山，藏珠于渊；不利货财，不近贵富；不乐寿，不哀夭；不荣通，不丑穷。不拘一世之利以为己私分，不以王天

载万物的，何等广阔而盛大！君子应该敞开心胸去效法。无为就是顺应自然，无所教化就是顺应天性，博爱就是仁，让不同的回归同一就叫大，行为不与众不同就是宽，能包容万物的差异就是富。因此能持守自然的禀性就是掌握了万物的纲纪，成就了德行就算是建立了功业，能遵循大道就叫修养完备，不被外物挫伤志操就算是德行完美了。君子明白了这十个方面，他的心胸就能宽广到容纳万物，德行美好而与万物自然往来，无所滞碍。如果能做到这样，就能藏黄金于大山，沉珍珠于深渊，不贪图财物，也不追求富贵；不把长寿当快乐，不把夭折当悲哀，不以通达为荣耀，不以穷困为羞耻。不去谋求举世的利益据为私有，不以统治天下来炫耀自己身处高位。显赫

下为己处显。显则明。万物一府，死生同状。"

夫子曰："夫道，渊乎其居也，liao（liáo）乎其清也。金石不得无以鸣。故金石有声，不考不鸣。万物孰能定之！夫王德之人，素逝而耻通于事，立之本原而知通于神，故其德广。其心之出，有物采之。故形非道不生，生非德不明。存形穷生，立德明道，非王德者邪！荡荡乎！忽然出，勃然动，而万物从之乎！此谓王德之人。视乎冥冥，听乎无声。冥冥

就会彰明，然而万物最终却归结于同一，死与生也没什么差别。"

夫子还说："道，沉寂如深渊，明澈如清泉。金石钟磬如果不借助外力就无法奏出音乐。即使它们存在鸣响的本能，不叩击便不会鸣响。万物莫不如此！具有盛德的人，应该是持守素朴的真情往来行事而以通晓琐细事务为羞耻，立足于固有的真性而智慧通达于神秘莫测的境界。因此他的德行圣明而又虚广。他的心志即使有所显露，也是因为外物的探求而做出自然的反应。所以说，形体如不凭借道就不能产生，生命产生了不能顺德就不会明达。保全形体维系生命，建树盛德彰明大道，这岂不就是具有盛德的人吗？浩渺伟大啊！他们无心地有所感，他们又无心地有

之中，独见晓焉；无声之中，独闻和焉。故深之又深，而能物焉；神之又神，而能精焉。故其与万物接也，至无而供其求，时骋而要其宿，大小、长短、修远。"

……

所动，然而万物都紧紧地跟随着他们呢！这就是具有盛德的人。道，看上去是那么幽暗深渺，听起来又是那么寂然无声。然而幽暗深渺之中却能见到光明的真迹，寂然无声之中却能听到万窍唱和的共鸣。幽深而又幽深，能够从中产生万物；玄妙而又玄妙，能够从中产生精神。所以道与万物相接，虚寂却能满足万物的需求，时时驰骋纵放却能总合万物成为其归宿，无论是大还是小，是长还是短，是高还是远。"

……

天道第十三

天道运而无所积，故万物成；帝道运而无所积，故天下归；圣道运而无所积，故海内服。明于天，通于圣，六通四辟于帝王之德者，其自为也，昧然无不静者矣！圣人之静也，非曰静也善，故

自然之道的运行从不曾停滞，所以万物能够不断生长；帝王之道也从不曾停顿，所以天下百姓总能归顺；圣贤之道也不曾中断，所以四海之内民心所向。明白自然之理，通晓圣贤之道，又能上下四方通达帝王之道的，就能让天下人自由自在，他们虽然看似懵懂，但却心定神宁。圣明的人内心安定，不是说安定有

静也；万物无足以铙（náo）心者，故静也。水静则明烛须眉，平中准，大匠取法焉。水静犹明，而况精神！圣人之心静乎！天地之鉴也，万物之镜也。夫虚静、恬淡、寂漠、无为者，天地之平，而道德之至，故帝王、圣人休焉。休则虚，虚则实，实则伦矣。虚则静，静则动，动则得矣。静则无为，无为也，则任事者责矣。无为则俞俞，俞俞者，忧患不能处，年寿长矣。夫虚静、恬淡、寂漠、无为者，万物之本也。明

多好，所以才去追求安定；是因为什么事都无法动摇和扰乱圣人的内心，所以才心如止水。水在静止时便能清晰地照见人的须眉，水的平面够平，所以高明的工匠会用水的平面来作为标准。水平静下来尚且清澄明澈，何况人的精神呢！圣明的人心境是多么安宁啊！可以作为天地的明镜，也可以作为万物的明镜。虚静、恬淡、寂寞、无为，是天地的基准，也是德行的最高境界，所以古代帝王和圣人都止于这一境界。能到达这一境界，心境便空明虚淡，空明虚淡也就会显得充实，心境充实就能合于自然之理了。心境虚空才会安定，安定才能运动，能毫无阻碍地运动也就能够无所不得。清静便可无为，无为便可使人各尽其责。无为也就从容自得，从容自得的

庄子

此以南乡，尧之为君也；明此以北面，舜之为臣也。以此处上，帝王天子之德也；以此处下，玄圣素王之道也。以此退居而闲游，江海、山林之士服；以此进为而抚世，则功大名显，而天下一也。静而圣，动而王，无为也而尊，朴素而天下莫能与之争美。

夫明白于天地之德者，此之谓大本大宗，与天和者也。所

人便不会有忧愁，也就可以长寿了。虚静、恬淡、寂寞、无为，是万物的根本。明白这个道理而居于帝王之位，就能像做帝王的唐尧一样；明白这个道理而居于臣下之位，就能像做臣子的虞舜一样。凭借此道而处于尊上的地位，就是帝王治世的盛德；凭借此道而处于庶民百姓的地位，就是明白了玄圣素王的主张。凭借这个道理退居闲游，江海山林中的隐士就推心折服；凭借这个道理进身仕林而安抚世间百姓，就能功业卓著，名扬四海，而使天下大同。清静而成为圣人，行动而成为帝王，无为方才能取得尊尚的地位，保持淳厚素朴的天性就可以无敌于天下。

明白了天地以无为为本的规律，就把握了根本，而成为与自然谐和的人；用此来均平万物，

以均调天下，与人和者也。与人和者，谓之人乐；与天和者，谓之天乐。

庄子曰："吾师乎！吾师乎！赍万物而不为戾，泽及万世而不为仁，长于上古而不为寿，覆载天地、刻雕众形而不为巧。此之谓天乐。故曰：'知天乐者，其生也天行，其死也物化。静而与阴同德，动而与阳同波。'故知天乐者，无天怨，无人非，无物累，无鬼责。故曰：'其动也天，其静也地，一心定而王天下；其鬼不祟，其魂不疲，一

顺应民情，便是跟众人谐和的人。跟人和谐的，称作人乐；跟自然谐和的，就称作天乐。

庄子说："我的宗师啊！我的宗师啊！损毁万物不以为暴戾，恩泽万世不以为仁爱，生命长于远古不以为长寿，覆天载地、雕刻众物之形不以为智巧，这就是天乐。所以说：'天乐之人，活着的时候顺应自然而动，死去后与万物同化。静时与阴同静寂，动时与阳同波动。'因此天乐之人，不会受到天的抱怨，不会受到人的非难，不会受到外物的牵累，不会受到鬼神的责备。所以说：'动时合乎自然之理，静时一如大地宁寂，内心安定专一，统驭天下；鬼神不会作祟，精神也不会疲惫，内心专一安定，万物无不归附。'这就

心定而万物服。'言以虚静，推于天地，通于万物，此之谓天乐。天乐者，圣人之心，以畜天下也。"

……

昔者舜问于尧曰："天王之用心何如？"尧曰："吾不敖无告，不废穷民，苦死者，嘉孺子而哀妇人，此吾所以用心已。"舜曰："美则美矣，而未大也。"尧曰："然则何如？"舜曰："天德而出宁，日月照而四时行，若昼夜之有经，云行而雨施矣！"尧曰：

是说把虚空宁静推及到天地，通达于万物，这就是天乐。所谓天乐，就是圣人的至道圣心，可以用来养育天下人。"

……

过去舜曾向尧问道："你作为天子是如何用心的？"尧说："我从不怠慢无处诉苦的百姓，也不抛弃走投无路的穷苦人，我会为死去的人痛心忧虑，善待妇人和儿童，这些就是我的用心。"舜说："这样做，好当然很好，不过还说不上伟大。"尧说："那该怎么办呢？"舜说："掌握自然之理的人，让万物安宁，应当像日月照耀、四季更迭那般自然，应当像昼夜交替那样有规律，应当像云彩随风飘动，雨点布施万

"胶胶扰扰乎！子，天之合也；我，人之合也。"

夫天地者，古之所大也，而黄帝、尧、舜之所共美也。故古之王天下者，奚为哉？天地而已矣！

……

士成绮见老子而问曰："吾闻夫子圣人也。吾固不辞远道而来愿见，百舍重趼（jiǎn）而不敢息。今吾观子非圣人也，鼠壤有余蔬而弃妹之者，不仁也！生熟不尽于前，而积敛无

物那样合乎时宜。"尧说："我真是整日里纷扰不休啊！你的德行与自然相合；而我，只是跟人事相合罢了。"

天与地是自古以来最伟大的了，黄帝、尧、舜都赞美它。古时候统治天下的人，做些什么呢？不过是顺应天地自然罢了。

……

士成绮见到老子问道："听说先生是个圣人。我不辞路途遥远而来，一心想见到你，走了上百天，脚掌上结了厚厚的老茧也未曾停下休息。如今我看先生，竟不像是个圣人。老鼠洞边有不少剩饭，如此不珍惜粮食，这可不合乎仁的道理。粟帛饮食享用不尽，却还在不知足地聚敛财

崖。"老子漠然不应。

士成绮明日复见，曰："昔者吾有刺于子，今吾心正郤矣，何故也？"老子曰："夫巧知神圣之人，吾自以为脱焉。昔者子呼我牛也而谓之牛，呼我马也而谓之马。苟有其实，人与之名而弗受，再受其殃。吾服也恒服，吾非以服有服。"

士成绮雁行避影，履行遂进，而问："修身若何。"老子曰："而容崖然，而目冲然，而颡颒然，而口阚然，而状义然。似系马而止也，动而持，发

物。"老子充耳不闻。

第二天士成绮又去见老子，说："昨天我对你说了些不敬的话，今天我心里有所悔悟，却又不知道什么缘故。"老子说："智巧神明的圣人，我觉得我还算不上。过去你叫我牛，我就叫牛，叫我马，我就叫马。假如名副其实，人给了相应的称呼却不接受，那就是两重的罪过。我只是一贯地顺应自然，并非想顺应才顺应。"

士成绮侧身而行，不敢踩踏老子的身影，他惶恐地忘了脱鞋就进屋问道："修身之道是怎样的呢？"老子说："你容颜伟岸高傲，你目光突视，你头额矜傲，你口张舌利，你身形巍峨，好像奔马被拴住，身虽休止而心犹奔腾。你行为暂时有所限制，一旦

也机,察而审,知巧而睹于泰,凡以为不信。边竟有人焉,其名为窃。"

……

桓公读书于堂上,轮扁斫轮于堂下,释椎凿而上,问桓公曰:"敢问:公之所读者,何言邪?"公曰:"圣人之言也。"曰:"圣人在乎?"公曰:"已死矣。"曰:"然则君之所读者,古人之糟魄已夫!"桓公曰:"寡人读书,轮人安

行动就像箭发弩射,你明察而又精审,自持智巧而外露骄恣之态,凡此种种都不能看作是人的真实本性。边远闭塞的地方有过这样的人,他们的名字就叫作窃贼。"

……

齐桓公在堂上读书,轮扁在堂下削车轮,他放下槌子和凿子,走上朝堂,问齐桓公说:"恕我冒昧地问您一下,您所读的书中都说了些什么呢?"齐桓公说:"都是些圣人的话语。"轮扁说:"圣人还在世吗?"齐桓公说:"已经死了。"轮扁说:"这样啊,那么国君所读的书,全是古人的糟粕啊!"齐桓公说:"我读书,你这做车轮的人怎么敢妄加评议呢?说说吧,如

庄子

得议乎!有说则可,无说则死!"

轮扁曰:"臣也以臣之事观之。斫轮,徐则甘而不固,疾则苦而不入,不徐不疾,得之于手而应于心,口不能言,有数存乎其间。臣不能以喻臣之子,臣之子亦不能受之于臣,是以行年七十而老斫轮。古之人与其不可传也死矣,然则君之所读者,古人之糟魄已夫!"

果能说出道理来,还可以原谅,如果说得没有道理,那我就要把你处死。"

轮扁说:"我就拿我干的老本行来说吧。砍削车轮,手慢了,轮子就会松缓不牢固,手快了,轮子就会涩滞而不入木。不慢不快,得心应手,才能恰到好处,这道理虽然嘴上说不出来,但却有技巧存于其间。这道理,我无法让我的儿子明白,我的儿子也无法从我这里学到这一技巧,所以我现在七十岁了还在砍削车轮。那古时候的人和他们不可言传的道理一块儿死掉了,那么国君所读的书,可不就是古人的糟粕嘛!"

天运第十四

"天其运乎？地其处乎？日月其争于所乎？孰主张是？孰维纲是？孰居无事推而行是？意者其有机缄而不得已邪？意者其运转而不能自止邪？云者为雨乎？雨者为云乎？孰隆施是？孰居无事淫乐而

"天是自然在运行吗？地是自然在静止吗？日月交替是在争夺居所吗？是谁在主宰这些现象呢？是谁在维系这些规律呢？是谁闲居无事在推动这些的运行呢？难道有机关在控制着它们，所以它们才这样循环不休吗？还是它们在自行运转而不能停下来呢？还是雨水是乌云降落而成的呢？乌云是雨水蒸腾而成的呢？

劝是？风起北方，一西一东，有上仿徨。孰嘘吸是？孰居无事而披拂是？敢问何故？"

巫咸袑曰："来，吾语女。天有六极五常，帝王顺之则治，逆之则凶。九洛之事，治成德备，监照下土，天下戴之，此谓上皇。"

商大宰荡问仁于庄子。庄子曰："虎狼，仁也。"曰："何谓也？"庄子曰："父子相亲，何为不

是谁在行云布雨？是谁无事寻欢而促成了这种现象？风起于北方，一会儿西一会儿东，在天空中来回游动，是谁在吐气吸气而造成了云的飘动呢？是谁闲来无事扇起这样的大风呢？我斗胆想请教这些是什么缘故？"

巫咸招了招手说："来，我来告诉你。大自然本身就存在六合和五行，帝王顺应它就能治理好国家，违背它就会招来灾祸。顺应自然之理，天下百姓就能安居乐业，天下的治理就可以完满了，那时光辉遍洒人间，天下人无不拥戴，这就算超越了古代三皇了啊。"

宋国的太宰荡向庄子请教仁爱的问题。庄子说："虎狼也是有仁爱的。"太宰荡说："此话怎讲呢？"庄子说："虎狼也能父子相亲，为什么不能叫仁呢？"太

仁？"曰："请问至仁。"庄子曰："至仁无亲。"大宰曰："荡闻之，无亲则不爱，不爱则不孝。谓至仁不孝，可乎？"

庄子曰："不然，夫至仁尚矣，孝固不足以言之。此非过孝之言也，不及孝之言也。夫南行者至于郢，北面而不见冥山，是何也？则去之远也。故曰：以敬孝易，以爱孝难；以爱孝易，以忘亲难；忘亲易，使亲忘我难；使亲忘我易，兼忘天下难；兼忘天下易，使天下兼忘我难。夫德遗尧、舜而

宰荡又问："那什么算最高境界的仁呢？"庄子说："最高境界的仁就是无亲。"太宰荡说："我听说，无亲就不会有爱，无爱就不会有孝，您是说最高境界的仁就是不孝，是吗？"

庄子说："并非如此。最高境界的仁的确很值得推崇，孝本来就不足以说明它。这并非是在批评孝，而是与孝无关。人往南走到了楚国都城郢，面朝北方却不见冥山，这是为什么呢？因为距离冥山越发远了。所以说，用恭敬的态度来行孝容易，以仁爱之心来行孝就难了；用仁爱之心行孝容易，以虚静淡泊的态度对待双亲很难；虚静淡泊地对待双亲容易，使双亲也能虚静淡泊地对待自己很难；使双亲虚静淡泊地对待自己容易，虚静淡泊地对待天下人很难；虚静淡泊地对待

不为也,利泽施于万世,天下莫知也,岂直太息而言仁孝乎哉!夫孝悌仁义,忠信贞廉,此皆自勉以役其德者也,不足多也。故曰:至贵,国爵并焉;至富,国财并焉;至愿,名誉并焉。是以道不渝。"

……

孔子西游于卫,颜渊问师金曰:"以夫子之行为奚如?"师金曰:"惜乎!而

天下之人容易,使天下之人能虚静淡泊地对待自己很难。盛德遗忘了尧舜,因而能任物自得,将利益和恩泽施于万世,天下人却无人知晓,难道非要深深慨叹而大谈仁孝吗!孝、悌、仁、义、忠、信、贞、廉,这些都是用来劝勉自身而拘束本性的,并不值得推崇。所以说,最为可贵的,一国的爵位都可以弃除;最为富有的,一国的资财都可以摒弃;为了实现最高的愿望,名声和荣誉都可以舍弃。所以,大道是永恒不变的。"

……

孔子向西边游历到了卫国。颜渊向师金问道:"你认为夫子此次卫国之行会怎样呢?"师金说:"可惜啊,你的先生定会遭

夫子其穷哉!"颜渊曰:"何也?"

师金曰:"夫刍狗之未陈也,盛以箧衍,巾以文绣,尸祝齐戒以将之。及其已陈也,行者践其首脊,苏者取而爨之而已。将复取而盛以箧衍,巾以文绣,游居寝卧其下,彼不得梦,必且数眯(mì)焉。今而夫子亦取先王已陈刍狗,聚弟子游居寝卧其下。故伐树于宋,削迹于卫,穷于商周,是非其梦邪?围于陈、蔡之间,七日不火食,死生相与邻,是非其眯邪?

遇困厄的!"颜渊说:"为什么这么说呢?"

师金说:"用草扎成的狗还没有用于祭祀之前,要用竹制的箱笼装着,用绣有图纹的丝帛来披着,再要有祭祀主持人斋戒后迎送。等到用它祭祀完毕,路人就可以踩它的头和脊背,拾草的人也可以将它捡回去烧火煮饭。要是有人再把它取来用于祭祀而拿竹筐装着,拿绣有图纹的丝帛披着,在它身旁游乐居处,即使不做噩梦,也会被妖魔所侵扰吧。如今你的先生,也是在取法先王已经用于祭祀的草扎之狗,并聚集众多弟子游乐居处于它的身边。所以他在宋国大树下讲学,大树就被砍伐;他在卫国游说,就被围困而逃离;在殷地和东周游历遭到困厄,这不就像是做恶梦吗?在陈国和蔡国之间遭

庄子

"夫水行莫如用舟,而陆行莫如用车。以舟之可行于水也,而求推之于陆,则没世不行寻常。古今非水陆与?周鲁非舟车与?今蕲行周于鲁,是犹推舟于陆也!劳而无功,身必有殃。彼未知夫无方之传,应物而不穷者也。

"且子独不见夫桔槔(gāo)者乎?引之则俯,舍之则仰。彼,人之所引,非

到围困,整整七天都没有饭吃,陷于生死危急之中,这不就是被妖魔侵扰吗?

"走水路没什么能比得上船,走陆路没什么能比得上车。船可以在水上行进,却把船拉到陆地上推着走,那么穷尽一生也无法行走多远。古今的不同不就像是水路和陆路的差别吗?周和鲁的不同不就像是船和车的差别吗?如今想在鲁国推行周朝的治理之法,这就像是在陆地上推船而行,只会徒劳无功,自身也会招致灾祸啊。孔子完全不懂事物是始终在变化的,只能不断顺应事物的变化而行啊。

"况且,你没有见过用吊杆汲水的情景吗?拉起绳子它就俯下,放下绳子它就抬起。吊杆是因为人的牵引,而不是它牵引了

引人也。故俯仰而不得罪于人。故夫三皇五帝之礼义法度，不矜于同而矜于治。故譬三皇五帝之礼义法度，其犹柤梨橘柚邪！其味相反而皆可于口。

"故礼义法度者，应时而变者也。今取猨狙而衣以周公之服，彼必龁啮挽裂，尽去而后慊（qiè）。观古今之异，犹猨狙之异乎周公也。故西施病心而矉其里，其里之丑人见而美之，归亦捧心而矉其里。其里之富人见之，坚闭门而不出；贫人见之，挈妻子而去之

人，所以它或俯或仰都不得罪人。所以说，三皇五帝所用的礼义法度，不追求相同，而在于能治理好天下。三皇五帝所用的礼义法度，就好比山楂、梨、橘子、柚子四种酸甜不一的水果，味道虽然不同但是都很可口。

"所以啊，礼义法度，是顺应时代而变化的。现在捉到一只猿猴，给它穿上周公的衣服，它定会将衣服咬碎撕破，直到把衣服扒光方才满意。观察古与今的差异，就像猿猴与周公的不同。从前美女西施心口疼痛而皱起眉头，邻里的一个丑女人见了觉得皱着眉头很美，回去后也捂着胸口、皱着眉头走路。邻里的富人看见了，都牢牢关上了门；穷人看见了，都带着妻子儿女跑得远远的。那个丑女人只知道皱着眉

庄子

走。彼知颦美而不知颦之所以美。惜乎,而夫子其穷哉!"

……

头好看,却不知道皱着眉头好看的原因。可怜啊,你的先生一定会遭遇厄运的!"

……

刻意第十五

刻意尚行，离世异俗，高论怨诽，为亢而已矣。此山谷之士，非世之人，枯槁赴渊者之所好也。语仁义忠信，恭俭推让，为修而已矣。此平世之士，教诲之人，游居学者之所好也。语大功，立

磨砺心志，崇尚德行，超脱世俗，谈吐不凡，抱怨怀才不遇而慨叹世事无道，就算是孤傲了。这是退居山林的隐士，是愤世嫉俗的人，也是那些洁身自好、宁可以身殉志的人所追求的。宣扬仁爱、道义、忠贞、信实，崇尚恭敬、节俭、辞让、谦逊，就算是注重修身了。这是有平定天下志向的人，是想要教化

大名，礼君臣，正上下，为治而已矣。此朝廷之士，尊主强国之人，致功并兼者之所好也。就薮泽，处闲旷，钓鱼闲处，无为而已矣。此江海之士，避世之人，闲暇者之所好也。吹呴呼吸，吐故纳新，熊经鸟申，为寿而已矣。此道引之士，养形之人，彭祖寿考者之所好也。

若夫不刻意而高，无仁义而修，无

百姓的人，也是那些游说各国而后退居讲学的人所追求的。宣扬大功，树立大名，用礼仪来划分君臣秩序，并以此端正和维护上下的地位，就算是治理天下了。这是身居朝廷的人，是尊崇国君、壮大国家力量的人，也是那些期望建功立业、拓展国土的人所一心追求的。行走于山林湖泽之间，闲暇旷达，垂钩钓鱼来消遣，这样就算是无为自在了。这是闲游江湖的人，是逃避世事的人，也是那些闲暇无事的人所一心追求的。嘘唏呼吸，吐故纳新，像黑熊攀缘，像鸟儿展翅，这算是善于长生之道了。这是舒活经络气血的人，是善于养身的人，也是像彭祖那样长寿的人所一心追求的。

若不需磨砺心志而自然高洁，不需倡导仁义而自修德行，

功名而治，无江海而闲，不道引而寿，无不忘也，无不有也。淡然无极而众美从之。此天地之道，圣人之德也。

故曰：夫恬惔寂漠，虚无无为，此天地之平，而道德之质也。

故曰：圣人休焉，休则平易矣，平易则恬惔矣。平易恬惔，则忧患不能入，邪气不能袭，故其德全而神不亏。

故曰：圣人之生也天行，其死也物化。静而与阴同德，

不需追求功名而天下自治，不需退隐江湖而心境悠然，不需舒经活络而自然长寿，无不忘于身外，而又能全部具备。宁静淡然而心智自由，世上一切好的事物都聚拢在他的周围。这就是像天地一样的永恒之道，才是圣人无为的无上之德。

所以说，恬淡、寂寞、虚静、无为，这是天地平衡的准则，也是道德修养的根本境界。

所以说，圣人总是停留在这一境界，停留在此也就宁静淡然，与世无争了。保持宁静恬淡，忧患就无法进入内心，邪气就不能侵扰自身，所以圣人的德行和内心不受亏损。

所以说，圣人生于世间，顺应自然，他们死后也会像万物一样变化而去。平静时跟阴气一样

动而与阳同波。不为福先，不为祸始。感而后应，迫而后动，不得已而后起。去知与故，遁天之理。故无天灾，无物累，无人非，无鬼责。其生若浮，其死若休。不思虑，不豫谋。光矣而不耀，信矣而不期。其寝不梦，其觉无忧。其神纯粹，其魂不罢。虚无恬惔，乃合天德。

故曰：悲乐者，德之邪；喜怒者，道之过；好恶者，德之失。故心不忧乐，德之至也；一而不变，静之至也；无所于

宁寂，运动时又跟阳气一道波动。不做幸福的先导，也不做祸患的开端，外有所感而后内有所应，有所迫才有所动，不得已而后兴起。弃绝智巧，遵循自然，所以才没有自然之灾，没有外物的牵绊，没有旁人的非议，没有鬼神的责难。他们生于世间犹如在水上漂浮，他们离开人世就像疲劳后的休息。他们不思考，也不谋划。发光但不刺眼，信实却不期望有所得。他们睡觉不做梦，醒来后无忧虑，他们心神纯净，他们魂灵从不倦怠。虚静恬淡，方才合乎自然的本性。

所以说，悲欢是背离德行的，喜怒是违反大道的，喜好和憎恶是忘却了本性。所以说内心不悲不喜，才是德行的至高境界；持守专一而不变，是寂静的至高境界；不与任何外物相违

外篇 刻意第十五

忄，虚之至也；不与物交，惔之至也；无所于逆，粹之至也。

故曰：形劳而不休则弊，精用而不已则劳，劳则竭。水之性，不杂则清，莫动则平；郁闭而不流，亦不能清，天德之象也。

故曰：纯粹而不杂，静一而不变，惔而无为，动而以天行，此养神之道也。

夫有干越之剑者，柙（xiá）而藏之，不敢用也，宝之至也。精神四达并流，无所不极，上际于天，下蟠于地，化育

背，是虚无的至高境界；不与外物交往，是恬淡的至高境界；不与任何事物相悖逆，是纯粹的至高境界。

所以说，形体劳累过度而不休息就会疲乏不堪，精神使用过度而不停止就会损伤，损伤过度就会枯竭。水的本性，不混杂就会清澈，不搅动就会平静；但刻意堵塞不流动，却不会清澈，这是自然之理。

所以说，纯净而不混杂，静寂而不改变，恬淡而又无为，顺应自然而动，这就是养神的道理。

今有吴越地方出产的宝剑，放进匣子藏起来，不轻易动用，因为这剑是至为宝贵的。精神可以通达四方，无处不达，上可触及天，下可遍及地，化育万物，又捕捉不到它的踪迹，这就叫作

万物，不可为象，其名为同帝。

纯素之道，唯神是守。守而勿失，与神为一。一之精通，合于天伦。野语有之曰："众人重利，廉士重名，贤士尚志，圣人贵精。"故素也者，谓其无所与杂也；纯也者，谓其不亏其神也。能体纯素，谓之真人。

同于天帝。

纯粹素朴之道，就是持守精神，持守精神而不损失本真，与精神融为一体，就能使精神畅通无碍，合乎自然之理。俗语说："普通人看重私利，廉洁的人看重名声，贤能的人崇尚志操，圣哲的人重视素朴精神。"所以，素就是没有混入杂物，纯就是不损耗精神。能够体察纯素，就可算是"真人"了。

缮性第十六

缮性于俗学,以求复其初;滑欲于俗思,以求致其明,谓之蔽蒙之民。

古之治道者,以恬养知。生而无以知为也,谓之以知养恬。知与恬交相养,而和理出其性。

以世俗的学问来修养本性,想要达到恢复本原的目的;以世俗的观念来调整欲望,想要达到思想明澈的目的,这就是闭塞愚昧的人。

古时候的修道之人,是以恬静来调养心智;修成心智,却不以智巧行事,这样就算是以恬静调养心智。心智和恬静交相融合,和谐顺应之情就可以从本

夫德，和也；道，理也。德无不容，仁也；道无不理，义也；义明而物亲，忠也；中纯实而反乎情，乐也；信行容体而顺乎文，礼也。礼乐偏行，则天下乱矣。彼正而蒙己德，德则不冒。冒则物必失其性也。

　　古之人，在混芒之中，与一世而得澹漠焉。当是时也，阴阳和静，鬼神不扰，四时得节，万物不伤，群生不夭，人虽有知，无所用之，此之谓至一。当是时也，莫之为而常

性中表露出来了。德，就是和谐；道，就是顺应。德无所不容，就叫作仁；道无所不顺，就叫作义。义理彰明，因而物类相亲，就叫作忠；心中纯朴而返璞归真，就叫作乐；行为诚信、容仪得体，就叫作礼。片面地推行礼乐，天下就必然会大乱了。各人自我端正而敛藏自己的德行，德行也就不会冒犯他人，一旦冒犯了他人，他人就会失去自己的本性。

　　古时候的人，生活在混沌蒙昧之中，世间的人都只是淡漠相处。正是这个时候，阴阳谐和而宁静，鬼神不来侵扰，四季变化顺应时节，万物不受损伤，所有生灵尽享天年，人们即使内存心智，也无处可用，这就叫完满的浑一状态。正是这个时候，人们无所作为却保持着天然本性。

自然。

逮德下衰,及燧人、伏羲始为天下,是故顺而不一。德又下衰,及神农、黄帝始为天下,是故安而不顺。德又下衰,及唐、虞始为天下,兴治化之流,㵒(jiāo)淳散朴,离道以为,险德以行,然后去性而从于心。心与心识知,而不足以定天下,然后附之以文,益之以博。文灭质,博溺心,然后民始惑乱,无以反其性情而复其初。

等到德行衰退,到了燧人氏、伏羲氏时便开始治理天下,此时只能顺从民心却已不能与自然浑为一体了。德行继续衰退,到了神农氏和黄帝统治天下时,只是世道安定却已不能顺应民心了。德行继续衰退,到了唐尧、虞舜统治天下时,兴起了教化的风气,淳厚质朴的民性受到了干扰,开始背离大道而为,摧残德行而行,这之后也就舍弃了本性,开始顺从各自的私心。人们彼此间窥视对方的心思,也就无法使得天下安定了,然后又兴起浮华的文饰,增加了众多的俗学。文饰浮华毁坏了质朴之风,广博的俗学淹没了纯真的本性,之后人们就开始迷惑和纷乱,无法再返归本真而回复原始的状态了。

由是观之，世丧道矣，道丧世矣，世与道交相丧也。道之人何由兴乎世，世亦何由兴乎道哉！道无以兴乎世，世无以兴乎道，虽圣人不在山林之中，其德隐矣。

隐，故不自隐。古之所谓隐士者，非伏其身而弗见也，非闭其言而不出也，非藏其知而不发也，时命大谬也。当时命而大行乎天下，则反一无迹；不当时命而大穷乎天下，则深根宁极而待。此存身之道也。

古之存身者，不

由此可见，世风日下而丧失大道，大道丧失而世风更下，世风与大道交相丧失。有道之人怎样在人世兴起，人世又怎样使大道兴起啊！大道不能在人世兴起，人世也不能使大道兴起，即使圣人不去归隐山林，他的德行也必将被埋没而不为人知。

所以说德行隐没于世，并非古代的圣人自己归隐。古时候的所谓隐士，并非为了不现身于世而隐居，也并非为了缄默不语而不愿发声，也并非为了深藏才智而不愿发挥才能，而是因为时势乖妄背谬啊。当时势顺应自然而通达天下时，圣人就会顺其自然，无所作为。当时势悖逆、天下困厄时，圣人就会固守根本，保持寂静本心耐心等待。这就是保存自身的方法。

古时候善于保存自身的人，

以辩饰知，不以知穷天下，不以知穷德，危然处其所而反其性已，又何为哉！道固不小行，德固不小识。小识伤德，小行伤道。故曰：正己而已矣。

不以巧辩来表现智慧，不以智巧来使天下人困窘，不以心智来使自己的德行受扰，端正自持于自己的处境，返归自然的本性，何须去做什么呢！大道之广，本来就不是小有所成的人能够遵循的，大德普及万物，本来就不是小有所知的人能够见识的。小有所知会有损德行，小有所成会损伤大道。所以说，只要端正自己也就可以了。

乐全之谓得志。古之所谓得志者，非轩冕之谓也，谓其无以益其乐而已矣。今之所谓得志者，轩冕之谓也。轩冕在身，非性命也，物之傥来，寄者也。寄之，

快乐地保持本性可以算是自得其乐了。古时候所说的自得之人，并非是说身居高位的显赫之人，而是指自得其乐不需要什么来增益自己快乐的人。现在人们所说的自得之人，却多是说身居高位的显赫之人。荣华富贵在身，并不出自本然，犹如偶然降

其来不可圉，其去不可止。故不为轩冕肆志，不为穷约趋俗，其乐彼与此同，故无忧而已矣！今寄去则不乐。由是观之，虽乐，未尝不荒也。故曰：丧己于物，失性于俗者，谓之倒置之民。

临的外物，只是临时寄托的东西。既然是外物，它们的到来无法阻挡，它们离去时也无法阻止。所以不可为了富贵荣华而恣意放纵，不可因为穷困贫乏就趋炎附势，身处富贵或困窘，其间的快意相同，因而总能无忧无虑。如今寄托之物离去便觉不能快意，由此看来，即使是在快乐的时候，也会担心有所失而心怀恐慌。所以说，由于外物而丧失自身，由于流俗而丧失本性，这样就是本末倒置的人了。

秋水第十七

秋水时至，百川灌河。泾流之大，两涘渚崖之间，不辩牛马。于是焉河伯欣然自喜，以天下之美为尽在己。顺流而东行，至于北海，东面而视，不见水端。于是焉河伯始旋其面目，望洋向若而叹

秋水按时而至，众多川流汇入黄河，河面宽广浩瀚，两岸和水中沙洲之间连牛马都无法分辨清楚。于是河神欣然自喜，认为天下的盛大美好都聚集在自己这里。河神顺着水流向东而去，来到北海边，面朝东边一望，看不见大海的尽头。于是河神方才改变先前洋洋自得的面孔，面对着海神仰首慨叹道："俗语说，'听

庄子

曰："野语有之曰：'闻道百，以为莫己若者'，我之谓也。且夫我尝闻少仲尼之闻而轻伯夷之义者，始吾弗信。今我睹子之难穷也，吾非至于子之门则殆矣，吾长见笑于大方之家。"

北海若曰："井蛙不可以语于海者，拘于虚也；夏虫不可以语于冰者，笃于时也；曲士不可以语于道者，束于教也。今尔出于崖涘，观于大海，乃知尔丑，尔将可与语大理矣。天下之水，莫大于海，万川归之，不知何时止而不盈；尾闾泄

过了很多道理，便认为天下没有人能比得上自己了'，说的就是我这样的人啊。我还曾听说孔丘懂得的东西太少、伯夷的高义不值得看重的话语，开始我不敢相信；如今我亲眼看到海水是如此博大无际，我要不是因为来到你的门前，可就危险了，我一定会永远受到得道之人的耻笑。"

海神说："井里的青蛙，不能跟它谈论大海，因为它只局限于自己狭小的居所；夏天的虫子，不能跟它谈论冰，因为它受到自己生命短暂的限制；粗陋浅薄之人，不能跟他们谈论大道，因为他们的见识被世俗的教养所束缚。如今你从河岸走来，看到了大海，方才知道自己的浅薄，这样就可以跟你谈论大道了。天下之水，没有比海更大的了，千万条河川流归大海，不

之，不知何时已而不虚；春秋不变，水旱不知。此其过江河之流，不可为量数。而吾未尝以此自多者，自以比形于天地，而受气于阴阳，吾在于天地之间，犹小石小木之在大山也。方存乎见少，又奚以自多！计四海之在天地之间也，不似礨空之在大泽乎？计中国之在海内，不似稊（tí）米之在大仓乎？号物之数谓之万，人处一焉。人卒九州，谷食之所生，舟车之所通，人处一焉。此其比万物也，不似豪末之在于马体乎？五

知何时才会停止，而大海却从不会满溢；海从尾闾倾泄海水，不知何时才会停止，而海水却从不曾减少；春秋更替，大海都不会有变化；无论水涝还是干旱，大海不会受任何影响。大海的水远远超过了江河，根本无法以数量来计算。可是我从不曾因此而自满，我只是存形体于天地之间，领受元气于阴阳之间。我存在于天地之间，就好像一小块石子、一小块木头存在于大山之中。我正以为自身的存在实在渺小，又哪里会自以为满足而自负呢？想一想，四海存在于大地之间，不就像小小的石间孔隙存在于大泽之中吗？再想一想，中原大地存在于四海之内，不就像细碎的米粒存在于大粮仓里吗？世间物种千万，人类不过是万物中之一；人聚居于九州，凡是谷物生长的

帝之所连,三王之所争,仁人之所忧,任士之所劳,尽此矣!伯夷辞之以为名,仲尼语之以为博,此其自多也,不似尔向之自多于水乎?"

河伯曰:"然则吾大天地而小毫末,可乎?"

北海若曰:"否。夫物,量无穷,时无止,分无常,终始无故。是故大知观于远近,故小而不寡,大而不多,知量无穷。证向今故,故遥而不

地方,凡是舟车通行的地方,都有人类生存,而个人不过其中之一;一个人比起万物来,不就像是毫毛之末之于整个马吗?五帝禅让帝位,三王争夺王位,仁人所忧患的,贤才所操劳的,不过如这毫毛之末一般!伯夷辞让王位而博取名声,孔丘游说列国而显示渊博,他们的自满与自傲,不就像你先前对于河水的自满吗?"

河神说:"那么我把天地看作是最大,把毫毛之末看作是最小,可以吗?"

海神回答:"不行。万物的量是无穷的,时间是无止境的,得失的分界没有定理,万物都在变化中,没有所谓起始和终结。所以有大智的人看事物从不会受局限,不因小而看作小,不因大而看作大,这是因为知道事

闷，掇而不跂，知时无止。察乎盈虚，故得而不喜，失而不忧，知分之无常也。明乎坦途，故生而不说，死而不祸，知终始之不可故也。计人之所知，不若其所不知；其生之时，不若未生之时；以其至小，求穷其至大之域，是故迷乱而不能自得也。由此观之，又何以知毫末之足以定至细之倪，又何以知天地之足以穷至大之域！"

物的量是无穷的。了解古往今来事物的无穷变化，不会因过去而忧虑，也不会对未来有所期待，这是因为懂得时间是无止境的道理。了解万事万物都有盈有亏的规律，所以不会因为有所得而喜悦，也不会因为有所失而悔恨，这是因为知道得与失是没有分界的道理。了解了生与死之间犹如一条没有阻隔的平坦大道，生于世不会倍加欢喜，离开人世也不会觉得祸患加身，这是因为明白起始和终结是不会一成不变的道理。算算人所懂得的知识，远远不如他所不知道的东西多，他生存的时间，也远远不如他不在人世的时间长；以极为有限的生命和智慧去探究无穷的变化，内心当然会迷乱而无所得！由此看来，又怎么能说毫毛之末就可以是最小，又怎么能说天与地就可

河伯曰:"世之议者皆曰:'至精无形,至大不可围。'是信情乎?"

北海若曰:"夫自细视大者不尽,自大视细者不明。夫精,小之微也;垺(fóu),大之殷也,故异便。此势之有也。夫精粗者,期于有形者也;无形者,数之所不能分也;不可围者,数之所不能穷也。可以言论者,物之粗也;可以意致者,物之精也;言之所不能论,意之所不能察致者,不期精粗焉。是故大人之行,

以是最大的呢?"

河神说:"世间议论的人们总是说:'最细小的东西没有形体,而最大的东西是无法限定的。'这是真实的情况吗?"

海神回答说:"从小的角度去看庞大的事物当然不会全面,从大的角度去看细小的事物自然也不可能真切。精细,是小中之小;庞大,是大中之大;不过大小虽有不同,却各有各的合宜之处。事物态势就是如此。所谓精细与粗大,只不过是指有形的东西;至于小到无形的事物,是无法用数量来测算的;而大到不可限定的事物,更不是用数量能够计算的。可以拿来言谈的,只是事物粗浅的外表;只能用心意来传达的,则是事物精细的内在。无法言谈,也无法以心意传达的,那就是无法用精细或粗浅来

不出乎害人，不多仁恩；动不为利，不贱门隶；货财弗争，不多辞让；事焉不借人，不多食乎力，不贱贪污；行殊乎俗，不多辟异；为在从众，不贱佞谄；世之爵禄不足以为劝，戮耻不足以为辱；知是非之不可为分，细大之不可为倪。闻曰：'道人不闻，至德不得。大人无己。'约分之至也。"

限定范围的事物了。所以得道之人的行为，不会对人造成伤害，也不会给人以仁慈和恩惠；无论做什么都不是为了私利，也不会轻视地位卑贱之人；无论什么财物都不去争夺，也不推重谦和与辞让；做任何事从不借助他人之力，也不提倡自食其力，不鄙夷贪婪与污秽；行为与世俗不同，但并不赞同邪僻的行为；行为看起来和众人差不多，也不以奉承和谄媚为卑贱；人世间的所谓高官厚禄不足以劝勉，刑戮和侮辱也不足以认为是羞耻；明白是与非的界线无法清楚地划分，了解细小和庞大无法确定清晰的界限。听人说：'能体察大道的人不求闻达于世，修养高尚的人不会计较得失，清虚宁寂的人能够忘却自己。'这无非是持守自身到了最高境界而已。"

河伯曰:"若物之外,若物之内,恶至而倪贵贱?恶至而倪小大?"

北海若曰:"以道观之,物无贵贱;以物观之,自贵而相贱;以俗观之,贵贱不在己。以差观之,因其所大而大之,则万物莫不大;因其所小而小之,则万物莫不小。知天地之为稊米也,知毫末之为丘山也,则差数睹矣。以功观之,因其所有而有之,则万物莫不有;因其所无而无之,则万物莫不无。知东西之相反而不可以相无,则功分

河神说:"如果是事物的外表,或者事物的内在,从何处来区分它们的贵贱呢?又如何来区分它们的大小呢?"

海神回答:"以自然之理来看,万物本没有贵贱之分。从万物自身来看,各自为贵,又以他物为贱。用世俗的观点来看,贵贱则不在于事物本身。按照物与物之间的差别来看,以大的角度去观察,便会认为物体是小的,那么万物就没有什么不是大的;从小的角度去观察,便会认为物体是小的,那么万物没有什么不是小的。了解了天地那么大的事物,比起更大的事物来也不过像米粒一样,了解了毫毛之末那么小的东西,比起更为细小的东西来也会像是高山一样,这样的话,万物的差别也就能够明白了。从事物的功用来看,照事物

定矣。以趣观之，因其所然而然之，则万物莫不然；因其所非而非之，则万物莫不非。知尧、桀之自然而相非，则趣操睹矣。

"昔者尧、舜让而帝，之、哙让而绝；汤、武争而王，白公争而灭。由此观之，争让之礼，尧、桀之行，贵贱有时，未可以为常也。梁丽

有用这一角度来看，那么所有东西就都是有用的；照事物无用这一角度来看，那么万物就都是无用的。明白了事物如同东方和西方一样相互对立又不可或缺，那么事物的功用与本分就能够分明了。从人们对事物的取向来看，顺着事物肯定的一面去看，那么万物就都是被肯定的；顺着各种事物否定的一面去看，那么万物就都是被否定的。明白了唐尧和夏桀都自以为正确又相互否定对方，那人们的趋向与持守也就看得很清楚了。

"当年唐尧、虞舜禅让而称帝，宰相子之与燕王哙禅让而燕国几乎灭亡；商汤、周武王都争夺天下而称王，白公胜则因争夺王位而遭杀身之祸。由此看来，争位与禅让的礼制，唐尧与夏桀的做法的对与错，是因时而异的，

可以冲城,而不可以窒穴,言殊器也;骐骥骅骝一日而驰千里,捕鼠不如狸狌,言殊技也;鸱鸺夜撮蚤,察毫末,昼出瞋目而不见丘山,言殊性也。故曰:盖师是而无非,师治而无乱乎?是未明天地之理,万物之情者也。是犹师天而无地,师阴而无阳,其不可行明矣!然且语而不舍,非愚则诬也!帝王殊禅,三代殊继。差其时,逆其俗者,谓之篡夫;当其时,顺其俗者,谓之义徒。默默乎河伯,女恶知贵贱之门,小大

不可把它们看作不变的规律。栋梁之材可以用来冲击敌城,却不可以用来堵塞洞穴,说的是器物的用处不一样。骏马良驹一天奔驰上千里,让它们捉老鼠却比不上野猫和黄鼠狼,这说的是技能不同。猫头鹰夜里能抓到小小的跳蚤,细察毫毛之末,可是大白天它睁大眼睛也看不见高大的山丘,这说的是秉性不同。所以说:怎么能只看重对的一面而忽略不对的一面?怎么能只看重治的一面而忽略乱的一面呢?这是因为不了解自然之理和万物之道。这就像是重天而轻地,重阴而轻阳,这样有失偏颇可是非常明显了。然而人们还是会就此谈论不休,不是愚昧,便是欺骗!远古帝王的禅让各不一样,夏、商、周三代的继承也各不相同。凡是不合时运、违逆世俗的人,就叫他篡

之家!"

河伯曰:"然则我何为乎?何不为乎?吾辞受趣舍,吾终奈何?"

北海若曰:"以道观之,何贵何贱,是谓反衍;无拘而志,与道大蹇。何少何多,是谓谢施;无一而行,与道参差。严乎若国之有君,其无私德;繇繇乎若祭之有社,其无私福;泛泛乎其若四方之无穷,其无所畛域。兼怀万物,其孰承翼?是谓无方。万物一

逆;凡是合于时代、顺应世俗的人,就叫他高士。别再说了吧,河神!你怎么会懂得万物贵贱和大小的区别呢!"

河神说:"既然如此,那么我应该做什么呢?又应该不做什么呢?我该如何推辞、接纳、趋就或退止,我到底该怎么办呢?"

海神回答:"以大道来看,何谓贵,何谓贱,贵贱本是相互转化的;不必束缚你的心志,而与大道相违逆。何谓少,何谓多,多少都是在更替延续的;不要偏执于任何一方,而与大道相背离。像一国之君那样威严,对谁都没有偏袒;像土地神一样悠然自得,对谁也不多加庇护;广阔无边,四通八达,没有什么可以局限;兼蓄并包,有谁会受到庇护?这就是不偏执。宇宙万物浑合为一,谁优谁劣呢?大道无

齐，孰短孰长？道无终始，物有死生，不恃其成。一虚一满，不位乎其形。年不可举，时不可止。消息盈虚，终则有始。是所以语大义之方，论万物之理也。物之生也，若骤若驰。无动而不变，无时而不移。何为乎？何不为乎？夫固将自化。"

河伯曰："然则何贵乎道邪？"

北海若曰："知道者必达于理，达于理者必明于权，明于权者不以物害己。至德者，火弗能热，水弗能溺，寒暑弗能

所谓始终，万物却都有生死，因而不可能依仗一时的成功。大道时而空虚，时而充实，不固守于一态。岁月不可挽留，时间不会止息。消退、生长、充实、空虚，宇宙万物终结便又有了开始。这样也就可以谈论大道的准则，评说万物的道理了。万物生长，像是马奔驰、车疾行，无时无刻不在变化移动之中。应该做什么呢？又应该不做什么呢？万物自在变化，何须你去做什么呢！"

河神说："既然如此，那为什么还要看重大道呢？"

海神回答："懂得大道的人必定通达事理，通达事理的人必定明白如何应变，明白如何应变的人定然不会因为外物而使自己受损。得道之人，烈火不能烧伤他们，洪水不能淹溺他们，既不

害，禽兽弗能贼。非谓其薄之也，言察乎安危，宁于祸福，谨于去就，莫之能害也。故曰：'天在内，人在外，德在乎天。'知乎人之行，本乎天，位乎得，蹢躅（zhí zhú）而屈伸，反要而语极。"

曰："何谓天？何谓人？"

北海若曰："牛马四足，是谓天；落马首，穿牛鼻，是谓人。故曰：无以人灭天，无以故灭命，无以得殉名。谨守而勿失，是谓反其真。"

受严寒酷暑的侵扰，又不受飞禽走兽的伤害。并非说他们接近水火、寒暑和禽兽而能不受伤害，而是说他们能明察安危，安于祸福，谨慎进退，因而才会无所损伤。所以说：'天然蕴含于内里，人为显露于外在，高尚的修养则顺应自然。'懂得人的行为，立足于自然规律，居处于自在之境，徘徊不定，屈伸无常，这就是返归大道的要领而可谈论至极的道理了。"

河神说："什么是天然？什么又是人为呢？"

海神回答："牛马生来就有四只脚，这就是天然；用马络套住马头，用鼻环穿过牛鼻，这就是人为。所以说，不要用人为去毁坏天然，不要用有意的行为去损毁自然的天性，不要为追名逐利而损伤性命。谨慎地持守自

庄子

夔怜蚿(xián)，蚿怜蛇，蛇怜风，风怜目，目怜心。

夔谓蚿曰："吾以一足趻踔(chěn chuō)而行，予无如矣。今子之使万足，独奈何？"

蚿曰："不然。子不见夫唾者乎？喷则大者如珠，小者如雾，杂而下者，不可胜数也。今予动吾天机，而不知其所以然。"

蚿谓蛇曰："吾

然本性而不丧失，这就叫返璞归真。"

独脚的夔羡慕多脚的蚿，多脚的蚿羡慕无脚的蛇，无脚的蛇羡慕无形的风，无形的风羡慕明察外物的眼睛，明察外物的眼睛羡慕内在的心灵。

夔对蚿说："我靠着一只脚跳跃而行，我比不了你啊。现在你使用上万只脚行走，究竟是怎么样的呢？"

蚿说："并非如此。你没看见那吐唾沫的情形吗？喷出唾沫大的像珠子，小的像雾滴，混杂着落下，不可计数。而我依靠本性而行，我也并不知道自己为什么会这样走。"

蚿对蛇说："我用这么多脚

以众足行，而不及子之无足，何也？"

蛇曰："夫天机之所动，何可易邪？吾安用足哉！"

蛇谓风曰："予动吾脊胁而行，则有似也。今子蓬蓬然起于北海，蓬蓬然入于南海，而似无有，何也？"

风曰："然，予蓬蓬然起于北海而入于南海也，然而指我则胜我，鰌我亦胜我。虽然，夫折大木，蜚大屋者，唯我能也。故以众小不胜为大胜也。为大胜者，唯圣人能之。"

行走反倒不如你这没有脚的，这是为什么呢？"

蛇说："我只是依照本性而动罢了，怎么可以改变呢？我哪里用得着脚呢！"

蛇对风说："我驱动我的脊柱和腰而行，像是有脚的样子。如今你呼呼地从北海掀起，又呼呼地降临南海，却没有留下行动的痕迹，这是为什么呢？"

风说："是的，我呼呼地从北海来到南海。可是人们用手来阻挡我，而我并不能吹断手指，人们用腿脚来踢踏我，而我也不能吹断腿脚。即使这样，折断大树、掀翻高大的房屋，却又只有我能够做到。所以说，只有追随自然之道，不在小处争胜，才能获得更大的胜利。获取大胜，唯有圣人才能做到。"

庄子

孔子游于匡,宋人围之数匝,而弦歌不惙(chuò)。子路入见,曰:"何夫子之娱也?"

孔子曰:"来!吾语女。我讳穷久矣,而不免,命也;求通久矣,而不得,时也。当尧、舜而天下无穷人,非知得也;当桀、纣而天下无通人,非知失也;时势适然。夫水行不避蛟龙者,渔父之勇也;陆行不避兕虎者,猎夫之勇也;白刃交于前,视死若生者,烈士之勇也;知穷之有命,知通之有时,临大难而不

孔子周游到了卫国的匡地,匡人层层包围了他,可是孔子仍在不停地弹琴唱歌。子路入内见孔子说:"先生为什么这么欢快呢?"

孔子说:"来,我告诉你为什么。我想摆脱困窘蔽塞的情况已经很久了,可总也无法免除,这就是命运啊。我想寻求通达也已经很久了,可总也无法遂愿,这就是时运啊。在尧、舜统治的时代,天下没有一个困顿潦倒的人,并非因为人人都才智过人;在桀、纣统治的时代,天下没有一个通达的人,并非因为人人都才智低下。这都是时运造成的。行于水上而不躲避蛟龙,这是渔夫的勇敢;行于路上而不躲避猛兽,这是猎人的勇敢;刀剑横在眼前,却仍视死如归,这是壮烈之士的勇敢;懂得困厄潦倒乃是

惧者，圣人之勇也。由，处矣！吾命有所制矣！"

无几何，将甲者进，辞曰："以为阳虎也，故围之；今非也，请辞而退。"

公孙龙问于魏牟曰："龙少学先王之道，长而明仁义之行；合同异，离坚白；然不然，可不可；困百家之知，穷众口之辩，吾自以为至达已。今吾闻庄子之言，茫焉异之，不

命中注定，知道得志通达乃是时运造成，面临大难而不畏惧，这就是圣人的勇敢了。仲由啊，你还是安然处之吧！我命中注定要受此劫难啊！"

没过多久，卫国的将官走了进来，深表歉意地说："大家以为你是阳虎，所以才包围了你；现在知道你不是阳虎，请让我向你表示歉意，我这就撤离部队。"

公孙龙向魏牟问道："我年少的时候学习古代的圣王之道，长大以后明白了仁义之行；提出了'合同异，离坚白''然不然，可不可'的命题，使天下的学问人困惑不解，让众多善辩之才理屈辞穷，我自以为已经算通达了。如今我听了庄子的言谈，却觉得十分茫然，不知是我的论

知论之不及与？知之弗若与？今吾无所开吾喙，敢问其方？"

公子牟隐机大息，仰天而笑曰："子独不闻夫坎井之蛙乎？谓东海之鳖曰：'吾乐与！出跳梁乎井干之上，入休乎缺甃之崖。赴水则接腋持颐，蹶泥则没足灭跗。还虷（hán）蟹与科斗，莫吾能若也。且夫擅一壑之水，而跨跱坎井之乐，此亦至矣。夫子奚不时来入观乎？'东海之鳖左足未入，而右膝已絷矣。于是逡巡而却，告之海

辩比不上他呢，还是我的智慧不如他呢？现在我已经没有办法再开口了，冒昧地向你请教其中的道理。"

魏牟靠着几案深深地叹了口气，仰头笑道："你没听说过那浅井里的青蛙吗？井蛙对东海里的鳖说：'我好快乐啊！想出来玩耍，就跳到井口栏杆上，想休息了，就跳进到井里的破砖缝里。我跳进水中，井水就会漫到我的腋下，托起我的脸，我跳入烂泥，泥水就会盖住我的脚背，再看看水中的那些赤虫、小蟹和蝌蚪，谁也没有像我这样快乐！况且我独占一坑之水，盘踞一口浅井，这快乐也是最大的满足了。你为什么不随时来井里看看呢？'东海之鳖的左脚还未能跨入浅井，右膝就已经被绊住。于是迟疑一下后就把脚

曰：'夫千里之远，不足以举其大；千仞之高，不足以极其深。禹之时，十年九潦，而水弗为加益；汤之时，八年七旱，而崖不为加损。夫不为顷久推移，不以多少进退者，此亦东海之大乐也。'于是坎井之蛙闻之，适适然惊，规规然自失也。且夫知不知是非之竟，而犹欲观于庄子之言，是犹使蚊负山，商蚷驰河也，必不胜任矣。且夫知不知论极妙之言，而自适一时之利者，是非坎井之蛙与？且彼方跐黄泉而登大皇，无

退了出来，开始向浅井的青蛙讲述大海：'千里之远，不足以说明它的广阔；千仞之高，不足于说明它的深邃。夏禹的时候十年九涝，而海水并未因此增多；商汤的时候八年七旱，而海水的水位也未曾因此下降。不因为时间的短暂与长久而有所改变，不因为雨量的多少而有所增减，这就是东海最大的快乐。'浅井之蛙听了这番话，感到惊惶不安，不知所措。你公孙龙的才智还不足以知晓是非的分别，就想去体察庄子的言论，这就像让蚊虫去背负大山，让马蚿虫去游过大河一般，必定是无法胜任的。而你的才智不足以通晓极其玄妙的言论，却满足于一时的口舌胜利，这不就像是浅井里的青蛙吗？况且庄子的思想可以下至黄泉，上达苍天，不论南北，均可通达无

庄子

南无北，奭（shì）然四解，沦于不测；无东无西，始于玄冥，反于大通。子乃规规然而求之以察，索之以辩，是直用管窥天，用锥指地也，不亦小乎？子往矣！且子独不闻夫寿陵余子之学行于邯郸与？未得国能，又失其故行矣，直匍匐而归耳。今子不去，将忘子之故，失子之业。"

公孙龙口呿（qū）而不合，舌举而不下，乃逸而走。

庄子钓于濮水。楚王使大夫二人往先

阻，其深邃不可测；不论东西，起于幽深玄妙之境，返归广阔通达之域。而你竟妄图以浅陋的办法去探寻它的奥妙，用论辩的方式去索求它的真谛，这就像是用竹管去窥视苍天，用锥子去测量大地一样，岂不是太渺小了吗！你还是走吧！你没听说过燕国寿陵的小子到赵国的邯郸去学习走步的事吗？最后没能学会赵国的本事，反而丢掉了原来的本领，最后只得爬着回去了。现在你不赶紧离开，恐怕会忘掉你原有的本领啊。"

公孙龙听了这番话后惊讶得张着嘴不能合拢，舌头僵直不能落下，于是赶紧逃走了。

庄子在濮水边钓鱼，楚王派两位大臣先行前往致意，

焉，曰："愿以境内累矣！"

庄子持竿不顾，曰："吾闻楚有神龟，死已三千岁矣。王巾笥而藏之庙堂之上，此龟者，宁其死为留骨而贵乎？宁其生而曳尾于涂中乎？"

二大夫曰："宁生而曳尾涂中。"

庄子曰："往矣！吾将曳尾于涂中。"

惠子相梁，庄子往见之，或谓惠子曰："庄子来，欲代子相。"于是惠子恐，搜于国中三日三夜。

说："楚王想要将国内政事委托给你。"

庄子手把钓竿，头也不回地说："我听说楚国有个神龟，已经死了三千年了，楚王用竹箱装着它，用丝帛盖着它，把它供奉在宗庙里。你们觉得这只神龟，是宁愿死去而留着骸骨显示尊贵呢，还是宁愿活着，拖着尾巴在泥水里爬呢？"

两位大臣说："宁愿活着，拖着尾巴在泥水里爬。"

庄子说："你们走吧！我也打算拖着尾巴在泥水里爬。"

惠子在梁国做宰相，庄子前去看他。有人对惠子说："庄子来梁国，是想取代你宰相的位子。"于是惠子恐慌起来，在全城搜寻庄子，搜了三天三夜。

庄子

庄子往见之，曰："南方有鸟，其名鹓鶵，子知之乎？夫鹓鶵发于南海而飞于北海，非梧桐不止，非练实不食，非醴泉不饮。于是鸱得腐鼠，鹓鶵过之，仰而视之曰：'吓！'今子欲以子之梁国而吓我邪？"

庄子去见惠子，并对他说："南方有一种鸟，名叫鹓鶵，你知道吗？鹓鶵从南海出发飞到北海，不是梧桐树不会停靠，不是竹子的果实不会进食，不是甘美的泉水不会饮用。正在这时，一只鸱鹰正抓到一只腐烂的老鼠，鹓鶵刚好飞过，鸱鹰抬头看到鹓鶵，怕鹓鶵来抢它的老鼠，便惊得大叫：'吓！'如今你也想用你的梁国来吓我吗？"

庄子与惠子游于濠梁之上。

庄子曰："鲦（tiáo）鱼出游从容，是鱼之乐也。"

惠子曰："子非鱼，安知鱼之乐？"

庄子曰："子非

庄子和惠子一起在濠水的桥上游玩。

庄子说："白鲦鱼游得多么悠闲自在，这就是鱼儿的快乐。"

惠子说："你又不是鱼，你怎么会知道鱼的快乐呢？"

庄子说："你又不是我，又

我，安知我不知鱼之乐？"

惠子曰："我非子，固不知子矣；子固非鱼也，子之不知鱼之乐，全矣！"

庄子曰："请循其本。子曰'汝安知鱼乐'云者，既已知吾知之而问我。我知之濠上也。"

怎么知道我不知道鱼儿的快乐呢？"

惠子说："我不是你，当然不知道你；你也不是鱼，那你也肯定不知道鱼的快乐了。"

庄子说："我们还是顺着先前的话来说。你刚才所说的'你怎么知道鱼的快乐'的话，就是已经知道了我知道鱼儿的快乐而问我，而我就是在濠水的桥上知道的。"

至乐第十八

天下有至乐无有哉?有可以活身者无有哉?今奚为奚据?奚避奚处?奚就奚去?奚乐奚恶?

夫天下之所尊者,富贵寿善也;所乐者,身安、厚味、

天下有没有最大的快乐呢?有没有可以存活身形的东西呢?现在该做什么?做事又该依据什么?该回避什么?又该安心什么?该靠近什么?又该舍弃什么?该喜欢什么?又该讨厌什么?

世人所尊崇的,是富有、高贵、长寿和善名;所喜好的,是身体的安适、丰盛的食品、漂亮

美服、好色、音声也；所下者，贫贱夭恶也；所苦者，身不得安逸，口不得厚味，形不得美服，目不得好色，耳不得音声。若不得者，则大忧以惧，其为形也亦愚哉！

夫富者，苦身疾作，多积财而不得尽用，其为形也亦外矣！夫贵者，夜以继日，思虑善否，其为形也亦疏矣！人之生也，与忧俱生。寿者惛惛，久忧不死，何苦也！其为形也亦远矣！烈士为天下见善矣，未足以活身。吾

的服饰、绚丽的色彩和动听的音乐；世人所鄙夷的，是贫穷、卑微、短命和恶名；世人所烦恼的，是身体不能舒适安逸、口不能享用美味佳肴、身体不能穿漂亮的服饰、眼睛不能看到绚丽的色彩、耳朵不能听到悦耳的乐声。假如得不到这些东西，就大为忧愁和害怕，以上种种对待身体的做法实在是太愚蠢了！

富有的人，勤勉劳作，积攒了许多财富却不能全部享用，那样也太不爱惜身体了。高贵的人，夜以继日地思虑能否保全权位和厚禄，那样也太不爱惜身体了。人活于世间，谁也无法免除忧愁。长寿的人整日里浑浑噩噩，长久地处于忧患之中而不死去，多么痛苦！这样也是太不爱惜身体。刚烈之士被天下人认可称赞，可是却不足以保存自身。

未知善之诚善邪？诚不善邪？若以为善矣，不足活身；以为不善矣，足以活人。故曰："忠谏不听，蹲循勿争。"故夫子胥争之，以残其形；不争，名亦不成。诚有善无有哉？

今俗之所为与其所乐，吾又未知乐之果乐邪？果不乐邪？吾观夫俗之所乐，举群趣者，誙誙然如将不得已，而皆曰乐者，吾未之乐也，亦未之不乐也。果有乐无有哉？吾以无为诚乐矣，又俗之所大苦也。故曰："至乐无

我不知道这种行为到底算好还是坏。如果认为是好行为，却不足以存活自身；如果认为不是好行为，却又足以使别人存活下来。所以说："忠诚的劝谏不被接纳，那就退让一旁不再去争谏。"伍子胥忠心劝谏以致身受屠戮，如果他不努力去争谏，也就失去了忠臣的美名。那么果真有所谓好还是没有呢？

如今世俗所追求的快乐，我不懂那快乐是真还是假。我看那世俗所谓的快乐，众人都全力去追逐，拼死竞逐的样子真像是不达目的决不罢休。人人都说这就是最为快乐的事，而我并不看作就是快乐，当然也不认为不是快乐。那么，世上究竟有没有快乐呢？我认为无为就是真正的快乐，但这又是世俗的人所感到最痛苦和烦恼的。所以说："最大

乐，至誉无誉。"

天下是非果未可定也。虽然，无为可以定是非。至乐活身，唯无为几存。请尝试言之：天无为以之清；地无为以之宁。故两无为相合，万物皆化。芒乎芴乎，而无从出乎！芴乎芒乎，而无有象乎！万物职职，皆从无为殖。故曰天地无为也，而无不为也。人也孰能得无为哉！

……

颜渊东之齐，孔子有忧色。子贡下席

的快乐就是没有快乐，最大的荣誉就是没有荣誉。"

天下的是非果真是未可确定的。虽然如此，无为的观点和态度可以确定是非。最大的快乐是使自身存活，而唯有无为算是最好的途径。请让我说明一下：苍天无为因而清虚明澈，大地无为因而浊重宁寂，天与地无为而相互结合，则万物生长。恍恍惚惚，不知道从什么地方产生出来！惚惚恍恍，没有一点儿痕迹！万物繁多，全从无为中繁衍。所以说，天地无为，又无所不为。而人，谁又能真正做到无为呢！

……

颜渊东去齐国，孔子十分忧虑。子贡离席上前问道："学生

而问曰:"小子敢问:回东之齐,夫子有忧色,何邪?"

孔子曰:"善哉汝问。昔者管子有言,丘甚善之,曰:'褚小者不可以怀大,绠短者不可以汲深。'夫若是者,以为命有所成,而形有所适也,夫不可损益。吾恐回与齐侯言尧、舜、黄帝之道,而重以燧人、神农之言。彼将内求于己而不得,不得则惑,人惑则死。

"且女独不闻邪?昔者海鸟止于鲁郊,鲁侯御而觞之于庙,奏《九韶》以为乐,

冒昧请问,颜渊东去齐国,先生面呈忧色,这是为什么呢?"

孔子说:"你问得好!当年管仲有句话很好:'小布袋不可能容下大东西,短绳索不可能汲取深井水。'这么说,就是指事物各有各的形成方式,而形体各有适宜的用处,是不可以随意改变的。我担忧颜渊跟齐侯谈论尧、舜、黄帝治理国家的主张,而且还进一步地推重燧人氏、神农氏的言论。齐侯内心一定无法理解,不理解就会产生疑惑,一旦产生疑惑便会迁怒,颜渊就会有杀身之祸。

"何况你没听说过吗?从前有一只海鸟飞到鲁国都城郊外栖息,鲁侯让人把海鸟接到太庙里供养献酒,奏《九韶》之乐,以

外篇　至乐第十八

具太牢以为膳。鸟乃眩视忧悲，不敢食一脔，不敢饮一杯，三日而死。此以己养养鸟也，非以鸟养养鸟也。夫以鸟养养鸟者，宜栖之深林，游之坛陆，浮之江湖，食之鳅鲦，随行列而止，委蛇而处。彼唯人言之恶闻，奚以夫说说为乎！《咸池》《九韶》之乐，张之洞庭之野，鸟闻之而飞，兽闻之而走，鱼闻之而下入，人卒闻之，相与还而观之。鱼处水而生，人处水而死。彼必相与异，其好恶故异也。故先圣不一其能，不同其

'太牢'的规格供奉食物。结果海鸟竟眼花缭乱，忧心伤悲，不敢吃一块肉，不敢饮一杯酒，三天后就死了。这是按自己的生活习性来养鸟，不是按鸟的习性来养鸟。按鸟的习性来养鸟，就应当让鸟栖息于深山老林，游戏于水中沙洲，浮游于江河湖泽，啄食泥鳅和小鱼，随着鸟群的队列而止息，从容自得、自由自在地生活。它们最讨厌听到人的声音，何况宗庙那么嘈杂的环境呢？即便是《咸池》《九韶》之类的名乐，如果在广漠的原野上演奏，鸟儿听了要腾身高飞，野兽听了会惊惶逃窜，鱼儿听了会潜下水底，一般人听见了，都会围着观看不休。鱼儿在水里才能生存，人处在水里就会死去。人和鱼不同，他们的好恶也一定不同。所以前代的圣王不强求才能

事。名止于实，义设于适，是之谓条达而福持。"
……

划一，也不做同等的事情。名义要符合实际，措置要顺乎自然，这样才会条理通达而福德长久。"
……

达生第十九

达生之情者,不务生之所无以为;达命之情者,不务知之所无奈何。养形必先之以物,物有余而形不养者有之矣。有生必先无离形,形不离而生亡者有之矣。生之来不能却,其去不能止。悲夫!世之人

通晓生命实情的人,不会去追求对于生命无用的东西;通晓命运实情的人,不会去追求命运中无可奈何的事情。保养身体,必定先得备足各种物品,可是物品充足而身体却没有保养好的情况是有的。保全生命必先使生命不脱离形体,而形体没有失去生命却已死亡的情况也是有的。生命的到来不能推却,生命的离去

以为养形足以存生,而养形果不足以存生,则世奚足为哉!虽不足为而不可不为者,其为不免矣!

夫欲免为形者,莫如弃世。弃世则无累,无累则正平,正平则与彼更生,更生则几矣!事奚足弃,而生奚足遗?弃事则形不劳,遗生则精不亏。夫形全精复,与天为一。天地者,万物之父母也。合则成体,散则成始。形精不亏,是谓能移。精而又精,反以相天。

……

无法挽留。可悲啊!世俗之人认为保养身体便可保全性命,然而保养身体真不足以保全性命,那么,世间还有什么事值得去做呢!虽然不值得去做却又不得不做,那么操劳和辛苦也就无法避免了!

想要身体不那么操劳,不如忘却世事。忘却世事就不必那么辛苦了,免除了身体的辛苦就会心平气和,心平气和就会与自然一道生存变化,与自然一道生存变化也就接近于大道了。为什么说世俗之事应该抛弃,而保全生命之事应该遗忘呢?因为抛弃了世俗之事,身体就不会那么劳累,遗忘了保全生命之事,精神就不至于亏损。身体得以保全而精神得以复本还原,就能跟自然融合为一体。天和地,乃是万物的父母。阴阳二气一旦结合便形成物体，物体一旦离散又回到原始状态。形体保全，精神不损，这就算随自然的变化而变。精神修养得极高了，就会回过来跟自然相辅相成。

……

仲尼适楚，出于林中，见痀偻者承蜩，犹掇之也。

仲尼曰："子巧乎，有道邪？"

曰："我有道也。五六月累丸二而不坠，则失者锱铢；累三而不坠，则失者十一；累五而不坠，犹掇之也。吾处身也，若厥株拘；吾执臂也，若槁木之枝。

孔子到楚国去，经过树林，看见一个驼背老人正用竿子粘蝉，就好像在地上拾取一样。

孔子说："先生真是灵巧啊！有什么门道吗？"

驼背老人说："是有些门道。我经过五六个月的练习，在竿头放两个弹丸而不会坠落，那么粘蝉就很少失手了；练到摞起三个弹丸而不坠落，那么失手的情况十次不会超过一次了；叠起五个弹丸而不坠落，粘蝉就会像在地上拾取一样容易了。我在粘蝉的

虽天地之大,万物之多,而唯蜩翼之知。吾不反不侧,不以万物易蜩之翼,何为而不得!"

孔子顾谓弟子曰:"用志不分,乃凝于神。其痀偻丈人之谓乎!"

颜渊问仲尼曰:"吾尝济乎觞深之渊,津人操舟若神。吾问焉曰:'操舟可学邪?'曰:'可。善游者数能。若乃夫没人,则未尝见舟而便操之也。'吾问焉而不吾告,敢问何谓也?"

时候,身体立着犹如断木,我举竿的手臂,就像枯木的树枝。虽然天地很大,万物众多,但我一心只注意蝉的翅膀,从不思前想后,决不因纷繁的万物而改变对蝉翼的注意,为什么不能成功呢!"

孔子转身对弟子们说:"用心不分散,就是精神高度凝聚,不就是说的这位驼背老人嘛!"

颜渊问孔子说:"我曾经在觞深之渊渡水,摆渡人驾船的技巧实在神妙。我问他:'你这技巧能学得来吗?'摆渡人说:'可以的。善游泳的人很快就能学会驾船。善潜水的人,那他就算没见过船也会驾船。'我又问他如何学习驾船,他就不再回答我了。请问他的话说的是什么意思呢?"

仲尼曰："善游者数能，忘水也；若乃夫没人之未尝见舟而便操之也，彼视渊若陵，视舟之覆，犹其车却也。覆却万方陈乎前，而不得入其舍，恶往而不暇！以瓦注者巧，以钩注者惮，以黄金注者殙（hūn）。其巧一也，而有所矜，则重外也。凡外重者内拙。"

……

孔子回答说："善游泳的人很快就能学会驾船，这是因为他们习惯了水的习性。至于那些善潜水的人不曾见过船就能熟练驾船，是因为在他们眼里，深渊就像是陆地上的小丘，所以船翻在他们眼中就像车子倒退一样。翻船和倒车都不能扰乱他们的内心，他们还会不从容自得吗！用瓦器作为赌注的人心地坦然而格外技高，用金属带钩作为赌注的人而心存疑惧，用黄金作为赌注的人则头脑发昏，内心迷乱。各种赌注的赌博技巧本是一样的，而有所顾惜，那就是以身外之物为重了。大凡对外物看得过重的人，其内心世界一定笨拙。"

……

山木第二十

庄子行于山中,见大木,枝叶盛茂。伐木者止其旁而不取也。问其故,曰:"无所可用。"庄子曰:"此木以不材得终其天年!"

夫子出于山,舍于故人之家。故人喜,命竖子杀雁而烹

庄子行走于山中,看见一棵大树枝叶十分茂盛,伐木人就站在树旁,却不动手砍伐。庄子问是什么原因,伐木人说:"这树没有什么用处。"庄子说:"这棵树因为不成材而得以终享天年啊!"

庄子出山后,在朋友家留宿。朋友高兴,叫童仆杀鹅款待庄子。童仆问主人:"两只鹅一

之。竖子请曰:"其一能鸣,其一不能鸣,请奚杀?"主人曰:"杀不能鸣者。"

明日,弟子问于庄子曰:"昨日山中之木,以不材得终其天年;今主人之雁,以不材死。先生将何处?"

庄子笑曰:"周将处乎材与不材之间。材与不材之间,似之而非也,故未免乎累。若夫乘道德而浮游则不然,无誉无訾,一龙一蛇,与时俱化,而无肯专为。一上一下,以和为量,浮游乎万物之祖,物物而不

只能叫,一只不能叫,请问杀哪一只呢?"主人说:"杀那只不能叫的。"

第二天,弟子问庄子:"昨日遇见山中的大树,因为不成材而能终享天年,如今主人的鹅,却因为不成材而被杀掉,先生要处于哪种境遇之中呢?"

庄子笑道:"我将处于成材与不成材之间。处于成材与不成材之间,好像合乎大道,却并非真正与大道相合,所以这样不能免于牵累。假如能顺应自然而自由自在地游乐,也就不会这样。没有赞誉,没有诋毁,时而像龙一样腾飞,时而像蛇一样蛰伏,跟随时间的推移而变化,而不愿偏执于一端;时而进取,时而退缩,一切以顺应为原则,优游自

物于物，则胡可得而累邪！此神农、黄帝之法则也。若夫万物之情，人伦之传则不然，合则离，成则毁，廉则挫，尊则议，有为则亏，贤则谋，不肖则欺。胡可得而必乎哉！悲夫，弟子志之，其唯道德之乡乎！"

……

孔子围于陈、蔡之间，七日不火食。

大公任往吊之，曰："子几死乎？"

曰："然。"

得地生活在混沌之中，役使外物，却不被外物所役使，那么，怎么会受到外物的牵累呢？这就是神农、黄帝的处世原则。至于说到万物的真情，人类的传习，却不是这样的。有聚合也就有离析，有成功也就有毁败，廉洁就会受到挫折，尊显就会受到倾覆，有为就会受到亏损，贤能就会受到谋算，而无能也会受到欺侮。为何一定要偏执一端呢！可悲啊！弟子们要记住，想要免于牵累，只有归向于清静无为的大道啊！"

……

孔子被围困在陈国和蔡国之间，七天七夜都没有生火煮饭。

太公任前去看望他，说："你快要饿死了吧？"

孔子说："是的。"

"子恶死乎?"

曰:"然。"

任曰:"予尝言不死之道。东海有鸟焉,其名曰意怠。其为鸟也,翂(fēn)翂翐(zhì)翐,而似无能;引援而飞,迫胁而栖;进不敢为前,退不敢为后;食不敢先尝,必取其绪。是故其行列不斥,而外人卒不得害,是以免于患。直木先伐,甘井先竭。子其意者饰知以惊愚,修身以明污,昭昭乎若揭日月而行,故不免也。昔吾闻之大成之人曰:'自伐者

太公任又问:"你厌恶死亡吗?"

孔子回答:"是的。"

太公任说:"我来谈谈不死的方法吧。东海有一种鸟,它的名字叫意怠。意怠这种鸟啊,飞得很慢,好像不会飞似的;它们总要有其他鸟引领着才能飞,栖息时又都跟别的鸟挤在一起;前进时不敢飞在最前面,后退时也不敢落在最后面;进食时不敢先动嘴,总是吃别的鸟剩下的。所以它们在鸟群中从不受排斥,人们也不会去伤害它,因此能够免除祸患。长得直的树总是先被砍伐,甘甜的井水总是会先枯竭。你想装扮成圣人来震慑普通人,你注重修养来衬托别人的污秽,你不加掩饰地炫耀自己有日月之光明,所以才惹祸上身。从前我听圣德宏博的老子说过:'自吹

无功,功成者堕,名成者亏。'孰能去功与名而还与众人?道流而不明居,得行而不名处;纯纯常常,乃比于狂;削迹捐势,不为功名。是故无责于人,人亦无责焉。至人不闻,子何喜哉!"

孔子曰:"善哉!"辞其交游,去其弟子,逃于大泽,衣裘褐,食杼栗,入兽不乱群,入鸟不乱行。鸟兽不恶,而况人乎!

……

自擂的人不会成功,成功了而不知退隐的人必定会毁败,名声彰显而不知韬光养晦的必定会遭到损伤。'谁能够摈弃功名,恢复成普通人的状态呢!大道广为流传而个人则韬光隐居,道德盛行于世而个人则谦退不处其名;纯朴而又平常,却佯装为愚狂的人;削除形迹,捐弃权势,不求取功名。因此不会去谴责他人,别人也不会责备自己。道德修养极高的人不求闻名于世,你为什么偏偏喜好名声呢?"

孔子说:"说得好啊!"于是他辞别朋友故交,离开众多弟子,来到山泽旷野之中,穿着兽皮麻布做成的衣服,吃柞树和栗树的果实;他进入兽群,野兽并不惊乱;他走近鸟群,鸟也不会飞走。鸟兽都不厌恶他,何况是人呢!

……

〔南宋〕佚名《松下静思图》

〔南宋〕马远《仙侣观瀑图》

〔南宋〕李唐《赤壁胜游图》

〔南宋〕赵伯驹《瑶岛仙真图》(局部)

〔宋〕佚名《长桥卧波图》

〔元〕赵孟頫《江村渔乐图》

〔元〕钱选《归去来辞图》

〔明〕谢时臣《四皓图》

〔明〕仇英《玉洞仙源图》

〔明〕仇英《山水图》

〔明〕沈周《桐荫玩鹤图》(局部)

〔明〕沈周《涤斋图》（局部）

〔明〕董其昌《虞山雨霁图》(局部)

庄子衣大布而补之，正緳（xié）系履而过魏王。魏王曰："何先生之惫邪？"

庄子曰："贫也，非惫也。士有道德不能行，惫也；衣弊履穿，贫也，非惫也，此所谓非遭时也。王独不见夫腾猿乎？其得楠梓豫章也，揽蔓其枝，而王长其间，虽羿、逢蒙不能眄睨也。及其得柘棘枳枸之间也，危行侧视，振动悼栗，此筋骨非有加急而不柔也，处势不便，未足以逞其能也。今处昏上乱相之间，而欲无惫，奚可得邪？此比干之见

庄子身穿打着补丁的粗布衣服，脚穿用麻绳系好的破鞋子去见魏王。魏王见了说："先生为何如此困顿呢？"

庄子说："是贫穷，不是困顿。士人有道而不能推行，这是困顿；破衣烂鞋，这是贫穷，并非困顿，这是所谓的生不逢时。大王您没见过那跳跃的猿猴吗？它们生活在树木繁多的林子里，抓住藤蔓和树枝自由自在地跳跃，在林中称王称霸，即使是神箭手羿和逢蒙也不敢小看它们。如果让它们生活在荆棘密布的灌木丛中时，它们就会小心翼翼地行走而且不时地左顾右盼，内心震颤，恐惧发抖，这并不是筋骨紧缩有了变化而不再灵活，而是所处的生活环境很不方便，不能充分施展才能。如今我身处昏

剖心征也夫！"
……

庄周游于雕陵之樊，睹一异鹊自南方来者，翼广七尺，目大运寸，感周之颡，而集于栗林。庄周曰："此何鸟哉！翼殷不逝，目大不睹。"蹇裳躩（jué）步，执弹而留之，睹一蝉方得美荫而忘其身。螳螂执翳而搏之，见得而忘其形。异鹊从而利之，见利而忘其真。庄周怵然曰：

君乱臣的时代，想不困顿，怎么可能呢？在这种时代，像比干被剖心，不就是最好的证明吗！"
……

庄子在雕陵的园子里游玩，看见一只怪鹊从南方飞来，翅膀宽七尺，眼睛大有一寸，这鸟碰到了庄子的额头之后就停在了树林里。庄子说："这是什么鸟呀，翅膀大却不能远飞，眼睛大视力却不敏锐？"于是他提起衣裳快步上前，拿着弹弓静静地等待着时机。这时庄子突然看见一只蝉，正在浓密的树荫里休息，完全忽视了自身的安危。一只螳螂用树叶做隐蔽，正伺机扑上去捕捉蝉，眼看就要得手，完全忘掉了自己的存在。而那只怪

"噫！物固相累，二类相召也。"捐弹而反走，虞人逐而谇（suì）之。

庄周反入，三日不庭。蔺且从而问之："夫子何为顷间甚不庭乎？"

庄周曰："吾守形而忘身，观于浊水而迷于清渊。且吾闻诸夫子曰：'入其俗，从其俗。'今吾游于雕陵而忘吾身，异鹊感吾颡，游于栗林而忘真。栗林虞人

鹊紧随螳螂之后，眼看就要捕到螳螂，而它又因为眼前的利益丧失了自身的真性。庄子惊恐而警惕地说："啊，世上的物类真是相互牵累、相互争夺啊，两种物类之间也总是以利相吸引！"庄子于是扔掉弹弓转身离去，看守园子的人大感不解地在后面追着责问。

庄子返回家中，三天都觉得不开心。于是弟子蔺且问道："先生为什么这几天来一直很不高兴呢？"

庄子说："我只注意外物，却忘记了自身的安危，只注重混浊的流水，却忽略了清澈的潭渊。我从老师那里听说：'入乡就要随俗。'如今我去到雕陵便忘却了自身的安危，所以才让怪鹊碰上了我的额头；我游玩于果林时，又丧失了自身的真性。所

庄子

以吾为戮,吾所以不庭也。"
……

以才让管园子的人侮辱了我,因此我才三天不开心。"
……

田子方第二十一

田子方侍坐于魏文侯，数称谿工。

文侯曰："谿工，子之师邪？"

子方曰："非也，无择之里人也。称道数当，故无择称之。"

文侯曰："然则子无师邪？"

子方曰："有。"

田子方陪坐在魏文侯身旁，多次称赞谿工。

文侯说："谿工是你的老师吗？"

田子方说："不是老师，是我的同乡；他的言论总是中肯恰当，所以我称赞他。"

文侯说："那你没有老师吗？"

子方说："有。"

曰:"子之师谁邪?"

子方曰:"东郭顺子。"

文侯曰:"然则夫子何故未尝称之?"

子方曰:"其为人也真。人貌而天虚,缘而葆真,清而容物,物无道,正容以悟之,使人之意也消。无择何足以称之!"

子方出,文侯傥然,终日不言。召前立臣而语之曰:"远矣,全德之君子!始吾以圣知之言、仁义之行为至矣。吾

文侯说:"你的老师是谁?"

田子方说:"东郭顺子。"

文侯说:"那么先生为什么没有称赞过他呢?"

田子方回答:"他的为人十分真朴,相貌跟普通人一样而内心却合于自然,顺应外物而又能保持本真,心境清虚且能包容外物。外界事物不能合符'道',便严肃指出,使之醒悟,从而使人的邪恶之念自然消除。我做学生的能用什么言辞去称赞我的老师呢?"

田子方走后,魏文侯若有所失,整天不说话,召来在跟前侍立的近臣,对他们说:"实在是深不可测呀,德行完备的君子!起初我总认为圣智的言论和仁义的品行算是最为高尚的了。如今

闻子方之师,吾形解而不欲动,口钳而不欲言。吾所学者,直土梗耳!夫魏真为我累耳!"

……

颜渊问于仲尼曰:"夫子步,亦步;夫子趋,亦趋;夫子驰,亦驰;夫子奔逸绝尘,而回瞠若乎后矣!"

夫子曰:"回,何谓邪?"

曰:"夫子步,亦步也;夫子言,亦言也;夫子趋,亦趋

我听说了田子方老师的情况,我的身体就像瓦解了一样什么也不想做,嘴巴像被钳住一样什么也不想说。我过去所学到的不过都是些泥塑偶像似的毫无真实价值的东西,而魏国不过是我的拖累罢了!"

……

颜渊向孔子问道:"先生走,我也走;先生快步走,我也快步走;先生跑,我也跑;先生一旦飞奔,学生我就只能瞪着眼睛落在后面了!"

孔子说:"颜回,你这话是什么意思?"

颜回说:"先生走,我也走;先生说话,我也跟着说话;先生快步走,我也快步走;先生辩

也；夫子辩，亦辩也；夫子驰，亦驰也；夫子言道，回亦言道也。及奔逸绝尘而回瞠若乎后者，夫子不言而信，不比而周，无器而民滔乎前，而不知所以然而已矣。"

仲尼曰："恶！可不察与！夫哀莫大于心死，而人死亦次之。日出东方而入于西极，万物莫不比方。有目有趾者，待是而后成功。是出则存，是入则亡。万物亦然，有待也而死，有待也而生。吾一受其成形，而不化以待尽。效物而动，日

论，我也跟着辩论；先生奔跑，我也跟着奔跑；先生谈论大道，我也跟着谈论大道。等到先生快步如飞而我瞪大眼睛落在后面，是说先生无需张口便能取信于人，不示恩惠便能通达各处，不居高位、不获权势，却能让人聚于身前，而我不知道先生为什么能这样。"

孔子说："唉，这怎么就不明白呢！悲哀没有比死心更大的，而身体的死亡还是次一等的。太阳东升西落，万物无不遵循，连人也期待着太阳的运行而获取成功。太阳升起便获得生存，太阳隐没便走向死亡。万物全都是这样，等候太阳的隐没而逐步消亡，仰赖太阳的升起而逐步生长。我既然生而为人，就不会变成其他形体，只能等待最终的衰亡。我只有随外物而变，日

夜无隙，而不知其所终，薰然其成形。知命不能规乎其前，丘以是日徂。

"吾终身与汝交一臂而失之，可不哀与？女殆著乎吾所以著也。彼已尽矣，而女求之以为有，是求马于唐肆也。吾服女也甚忘，女服吾也亦甚忘。虽然，女奚患焉？虽忘乎故吾，吾有不忘者存。"

孔子见老聃，老聃新沐，方将被发而

夜不停，也不知变化的终极所在，只是温和自然地存在于我的形体之内。我知道命运不可预先知道，所以我每天只是顺其自然而已。

"我与你这么亲近，而你却不能真正了解我，这不悲哀吗？你只是看到我明显的外表，它们全都已经逝去，可是你还在寻求它们，而且肯定它们的存在，这就像是在空荡荡的市场上寻求马匹一样。我对你形象的思存很快就会忘记，你对我的形象的思存也会很快成为过去。虽然如此，你还忧虑什么呢？即使忘掉了旧有的我，而我仍会有不被遗忘的东西存在。"

孔子拜见老聃，老聃刚洗了头，正披散着头发等待晾干，他

干,慹(zhé)然似非人。孔子便而待之,少焉见,曰:"丘也眩与,其信然与?向者先生形体掘若槁木,似遗物离人而立于独也。"

老聃曰:"吾游心于物之初。"

孔子曰:"何谓邪?"

曰:"心困焉而不能知,口辟焉而不能言。尝为女议乎其将:至阴肃肃,至阳赫赫。肃肃出乎天,赫赫发乎地。两者交通成和而物生焉,或为之纪而莫见其形。消息满虚,一晦一明,日改月化,

凝神沉寂,不像是活人一样。孔子在门外等着,一会儿见到老聃,说:"是我眼花了呢?还是没看错呢?刚才先生一动不动,就像是枯槁的树桩,好像遗忘了外物,脱离于人世而独存一样。"

老聃说:"我方才是遨游于鸿蒙宇宙初始的状态。"

孔子问:"这是什么意思呢?"

老聃说:"你心中困惑而不能理解,嘴巴闭塞而无法谈论。就让我给你解释一二吧:至阴之气肃杀寒冷,至阳之气赫耀炎热。肃杀的阴气出自苍天,赫耀的阳气发自大地。阴阳二气相互交通融合,因而产生万物,有时又成为事物的准则,却不会显现出具体的形体。消逝、生长、满盈、虚空,时而晦暗,时而显

日有所为而莫见其功。生有所乎萌,死有所乎归,始终相反乎无端,而莫知其所穷。非是也,且孰为之宗!"

孔子曰:"请问游是。"

老聃曰:"夫得是至美至乐也。得至美而游乎至乐,谓之至人。"

孔子曰:"愿闻其方。"

曰:"草食之兽不疾易薮,水生之虫不疾易水,行小变而不失其大常也,喜怒

明,日日改变,月月演绎,每天都有所作为,却不能看到它造就万物、推演变化的功绩。生长有它萌发的初始阶段,死亡也有它消退败亡的归向,始与终相互循环,没有开端,也无人知道终点在何处。倘若不是这样,那么谁又能是万物的本源!"

孔子说:"那游心于宇宙之初、万物之始的状态是怎样的呢?"

老聃回答:"达到这样的境界,就是'至美''至乐'了,体察到'至美'也就是遨游于'至乐',这就叫作'至人'。"

孔子说:"敢问达到此境界的方法。"

老聃说:"食草的兽类不担忧更换生活的草泽,水生的虫豸不害怕改变生活的水域,这是因为只进行了小小的变化而没有失

哀乐不入于胸次。夫天下也者，万物之所一也。得其所一而同焉，则四肢百体将为尘垢，而死生终始将为昼夜，而莫之能滑，而况得丧祸福之所介乎！弃隶者若弃泥涂，知身贵于隶也，贵在于我而不失于变。且万化而未始有极也，夫孰足以患心！已为道者解乎此。"

孔子曰："夫子德配天地，而犹假至言以修心。古子君子，孰能脱焉！"

老聃曰："不然。夫水之于汋（zhuó）也，无为而才自然

去惯常的生活环境，这样喜怒哀乐就不会扰乱内心。普天之下，万物所共存。人与万物同生其间，人的形体也最终变成尘垢，生死如同昼夜更替一样无法阻挡，又何必去介意那些得失祸福呢！像丢掉泥巴一样舍弃得失祸福，明白自身远比这些附属品更为珍贵，珍贵的在于自身，不因外在变化而丧失。况且宇宙间的千变万化从来就没有过终极，有什么好忧患的呢！体察大道的人便能通晓这个道理。"

孔子说："先生德行合于天地，仍借助至理真言来修养心性，古时的君子，不都是这样的吗？"

老聃说："不是这样。水激涌而出，不借助于人力方才自然。修养高尚的人对于德行，无

矣。圣人之于德也，不修而物不能离焉。若天之自高，地之自厚，日月之自明，夫何修焉！"

孔子出，以告颜回曰："丘之于道也，其犹醯（xī）鸡与！微夫子之发吾覆也，吾不知天地之大全也。"

……

肩吾问于孙叔敖曰："子三为令尹而不荣华，三去之而无忧色。吾始也疑子，今视子之鼻间栩栩然，子之用心独奈何？"

须刻意培养万物，万物也不会脱离他的影响。就像天自然地高，地自然地厚，太阳与月亮自然光明，又哪里用得着修养呢！"

孔子辞别老聃，把见到老聃的情况告诉了颜回，说："我相对于大道，就像瓮中的小飞虫相对于瓮外的广阔天地啊！若不是老聃揭开了我的蒙昧，我完全不会知道天地之大啊。"

……

肩吾向孙叔敖问道："你三次出任令尹却不显示荣耀，你三次被罢官也没有丝毫忧虑。起初我以为你是在伪装，如今见你欢畅自适的样子，看来是真的，你到底是怎样想的呢？"

孙叔敖曰："吾何以过人哉！吾以其来不可却也，其去不可止也。吾以为得失之非我也，而无忧色而已矣。我何以过人哉！且不知其在彼乎？其在我乎？其在彼邪，亡乎我，在我邪，亡乎彼。方将踌躇，方将四顾，何暇至乎人贵人贱哉！"

仲尼闻之曰："古之真人，知者不得说，美人不得滥，盗人不得劫，伏戏、黄帝不得友。死生亦大矣，而无变乎己，况爵禄乎！若然者，其神经乎大山而

孙叔敖说："我哪有什么过人之处啊！我认为官职爵禄的到来无法推却，它的离去也无法阻止。我觉得得与失都不是我能决定的，所以我只是没有忧愁的神色罢了。我哪里有什么过人之处啊！况且我都不知道这官爵是落在他人身上呢，还是落在我身上呢？落在他人身上吗，那就与我无关；落在我的身上吗，那就与他人无关。我正心安理得、踌躇满志地四处张望，哪有闲暇去顾及人的尊贵与卑贱啊！"

孔子听到这件事，说："古时候的真人，智者不能说服他，美女不能使他淫乱，强盗不能劫持他，就是伏羲和黄帝也无法跟他结为朋友。生死算大事了吧，却也不能使他的本性有什么改变，更何况是爵位与俸禄呢？像这样的人，他的精神穿越大山也

无介，入乎渊泉而不濡，处卑细而不惫，充满天地，既以与人，己愈有。"

……

不会有阻碍，潜入深渊也不会沾湿，处身卑微也不会感到困厄，他的精神充盈天地，越是全部尽力济人，就越发感到充实富有。"

……

知北游第二十二

知北游于玄水之上,登隐弅(fén)之丘,而适遭无为谓焉。知谓无为谓曰:"予欲有问乎若:何思何虑则知道?何处何服则安道?何从何道则得道?"三问而无为谓不答也。非不答,不知答也。

一个叫"知"的人来到北方的玄水岸边,登上名叫隐弅的山丘,正巧在那里遇上了无为谓。知对无为谓说:"我想请教你一些问题:怎样思索、怎样考虑才能懂得道?怎样居处、怎样行事才能符合道?依从什么、采用什么方法才能获得道?"问了好几次,无为谓都不回答。不是不回答,而是不知道回答。

知不得问，反于白水之南，登狐阕之上，而睹狂屈焉。知以之言也，问乎狂屈。狂屈曰："唉！予知之，将语若。"中欲言而忘其所欲言。

知不得问，反于帝宫，见黄帝而问焉。黄帝曰："无思无虑始知道，无处无服始安道，无从无道始得道。"

知问黄帝曰："我与若知之，彼与彼不知也，其孰是邪？"

黄帝曰："彼无为谓真是也，狂屈

知没有得到解答，便返回到白水南岸，登上名叫狐阕的山丘，又在那里见到了狂屈。知把先前的问话又向狂屈问了一遍，狂屈说："唉，我知道怎么回答这些问题，我会告诉你。"可是狂屈正想说，却又忘记了本来想说的话。

知从狂屈那里也没有得到答案，便转回到黄帝的宫殿，见到黄帝，他又问了同样的问题。黄帝说："无思无虑，才能懂得道，无处安身、无所行动才能符合于道，无所依从、无所采用才能获得道。"

知于是问黄帝："我和你知道这些道理，无为谓和狂屈不知道这些道理，那么，谁是正确的呢？"

黄帝说："无为谓是正确的，狂屈接近正确，我和你则始终未

似之，我与汝终不近也。夫知者不言，言者不知，故圣人行不言之教。道不可致，德不可至。仁可为也，义可亏也，礼相伪也。故曰：'失道而后德，失德而后仁，失仁而后义，失义而后礼。'礼者，道之华而乱之首也。故曰：'为道者日损，损之又损之，以至于无为，无为而无不为也。'今已为物也，欲复归根，不亦难乎！其易也，其唯大人乎！

"生也死之徒，死也生之始，孰知其纪！人之生，气之聚

能接近大道。知道的人不说，说的人不知道，所以圣人施行的是不用言传的教育。道不可言传，德无法称述。讲仁爱需要有所作为，讲道义需要有所亏损，而讲礼仪则需要有所虚饰。所以说：'失去了道而后才能有德，失去了德而后才能有仁，失去了仁而后才能有义，失去了义而后才能有礼。'礼，乃是道的伪饰、乱的祸根。所以说：'得道之人每天都要清除伪饰，清除再清除，直至无为之境，无为也就没有什么不可作为的了。'如今你已对外物有所作为，想要再返回根本，不是很难吗！如果轻轻松松就能回归根本，那只有得道之人才能啊！

"生是死的伴侣，死是生的开始，谁能了解生死的始末呢！人的诞生，是气的聚合，气的

也。聚则为生，散则为死。若死生为徒，吾又何患！故万物一也。是其所美者为神奇，其所恶者为臭腐。臭腐复化为神奇，神奇复化为臭腐。故曰：'通天下一气耳。'圣人故贵一。"

知谓黄帝曰："吾问无为谓，无为谓不应我，非不应我，不知应我也。吾问狂屈，狂屈中欲告我而不我告，非不我告，中欲告而忘之也。今予问乎若，若知之，奚故不近？"

聚合形成生命，气的离散便是死亡。如果死与生是相随的，那么对于死亡，我有什么好忧虑的呢？所以，万物说到底是同一的。只是世人把自以为美好的东西看作是神奇，把那自己讨厌的东西看作是腐朽的，而腐朽的东西可以化为神奇，神奇的东西可以再化为腐朽。所以说：'贯通整个天下的，只不过是一气罢了。'圣人也因此看重万物的同一性。"

知又对黄帝说："我问无为谓，无为谓不回答我，不是不回答我，是不知道回答我。我问狂屈，狂屈内心想告诉我，却没有告诉我，不是不告诉我，是心里想告诉我而又忘记了。现在我想再次请教你，你懂得我所提出的问题，为什么又说回答了便不是接近于道呢？"

黄帝曰:"彼其真是也,以其不知也;此其似之也,以其忘之也;予与若终不近也,以其知之也。"

狂屈闻之,以黄帝为知言。

天地有大美而不言,四时有明法而不议,万物有成理而不说。圣人者,原天地之美而达万物之理。是故至人无为,大圣不作,观于天地之谓也。

今彼神明至精,与彼百化。物已死生方圆,莫知其根也,扁然而万物自古以固存。六合为巨,未离

黄帝说:"无为谓是真正了解大道的,因为他什么也不知道;狂屈他是接近于道的,因为他忘记了;我和你终究不能接近于道,正是因为我们知道了什么是大道。"

狂屈听说了这件事,认为黄帝的话是最接近大道的。

天地有至美,但却无法用言语表达,四时运行有明显的规律,但却无法加以评议,万物变化有定规,但却无法谈论。圣哲之人,探究天地至美而通晓万物之理,所以至人顺应自然无所作为,"大圣"也不会有所作为,这是因为明白了天地之道。

大道神明精妙,顺应万物变化。万物或死或生、或方或圆,无人能知晓变化的根本,一切都自然而然,一切都自古存在。天地四方巨大,却无法超出道的范

其内；秋豪为小，待之成体；天下莫不沉浮，终身不故；阴阳四时运行，各得其序。惛然若亡而存，油然不形而神，万物畜而不知，此之谓本根，可以观于天矣！
……

围；秋毫之末很小，却必须有道才能成形。宇宙万物以各种姿态时刻在变化之中，阴阳与四季按序列不停运行。大道浑沌仿佛并不存在，却又无处不在，生机旺盛、神妙莫测，却又无形，万物被它养育，却一点也未觉察。这就称作本根，可以用它来观察自然之道。
……

东郭子问于庄子曰："所谓道，恶乎在？"庄子曰："无所不在。"东郭子曰："期而后可。"庄子曰："在蝼蚁。"曰："何其下邪？"曰："在稊稗。"曰："何其愈下邪？"曰：

东郭子向庄子请教说："人们所说的道，究竟在什么地方？"庄子说："大道无所不在。"东郭子说："一定得有什么具体的地方吧。"庄子说："在蝼蚁之中。"东郭子说："怎么会在这么卑微的地方呢？"庄子说："在稻田的稗草之中。"东郭子说："怎么越发低下了呢？"庄子说："在瓦块

"在瓦甓。"曰:"何其愈甚邪?"曰:"在屎溺。"东郭子不应。

庄子曰:"夫子之问也,固不及质。正、获之问于监市履狶也,每下愈况。汝唯莫必,无乎逃物。至道若是,大言亦然。周、遍、咸三者,异名同实,其指一也。尝相与游乎无何有之宫,同合而论,无所终穷乎!尝相与无为乎!澹而静乎!漠而清乎!调而闲乎!寥已吾志,无往焉而不知其所至,去而来而不知其所止。吾已往来焉而不

砖头之中。"东郭子说:"怎么越来越低下呢?"庄子说:"在屎尿之中。"东郭子听了后不再吭声了。

庄子说:"先生所问,本来就没有问到本质上。司正和司获向市场管理官员询问猪的肥瘦情况,市场管理员说,踩猪腿的部位,越往下面踩,情况越清楚。你不要只是在某一事物中寻找道,万物皆有道。大道无处不在,使用再大的言论来说也是这样。'周''遍''咸'这三种称谓,说法不同,但它们的实质却是相同的,它们的意义也是统一的。让我们一道游历于虚无之境,视万物为统一,论大道之无穷!让我们一起率性无为吧!这样便能恬淡而寂静!广漠而清虚!和谐而安闲!我的心志早已虚空宁寂,我随自然而至,不知

知其所终,彷徨乎冯闳,大知入焉而不知其所穷。物物者,与物无际,而物有际者,所谓物际者也。不际之际,际之不际者也。谓盈虚衰杀,彼为盈虚非盈虚,彼为衰杀非衰杀,彼为本末非本末,彼为积散非积散也。"

……

要去到哪里;去而复返,也不知要停在哪里。我在大道之中来来往往,却从来不知最终的归宿;倘徉在虚旷的境地之中,虽有大智之人,却也不知大道的终极。主宰万物的大道与万物本身相互融合,没有具体的边界,而事物之间的界线,无非是具体事物的差异而已。没有差异的区别,也就是表面有差异而实质并没有差异。人们所说的盈满、空虚、衰退、减损,万物可盈满或空虚,而大道不会盈满或空虚,万物可衰退或减损,而大道不会衰退或减损,万物有根本或末节,而大道没有根本或末节,万物可积聚或离散,而大道却不会积聚或离散。"

……

庄子

杂篇

庚桑楚第二十三

老聃之役，有庚桑楚者，偏得老聃之道，以北居畏垒之山。其臣之画然知者去之，其妾之挈然仁者远之。拥肿之与居，鞅掌之为使。居三年，畏垒大壤。畏垒之民相与言曰："庚桑子之始

老子有个叫庚桑楚的门徒，曾独得老聃真传，居住在北边的畏垒之山。随从中但凡喜欢炫耀个人才智的，他就遣散走，侍婢中但凡喜欢标榜自己仁义的，他就刻意远离。只有敦厚朴实的人才能跟他住在一起，只有洒脱自得的人才能为其所役使。三年后，畏垒山一带大丰收。附近的乡民相互传言说："庚桑楚刚来

来,吾洒然异之。今吾日计之而不足,岁计之而有余。庶几其圣人乎!子胡不相与尸而祝之,社而稷之乎?"

庚桑子闻之,南面而不释然。弟子异之。庚桑子曰:"弟子何异于予?夫春气发而百草生,正得秋而万宝成。夫春与秋,岂无得而然哉?天道已行矣。吾闻至人,尸居环堵之室,而百姓猖狂,不知所如往。今以畏垒之细民,而窃窃欲俎豆予于贤人之间,我其杓之人邪?吾是以不释

畏垒山,我们都颇有些疑议。但如今我们按天计算收入虽然还嫌不足,可全年而计的话则终是富足有余。庚桑楚恐怕就是圣人了吧!大家何不一起像供奉贤明一样供奉他,像对待国君一样敬重他?"

庚桑楚听到这些甚至要其面南而君的颂扬,心里很不愉快。弟子们感到奇怪。庚桑楚说:"这有什么好奇怪的呢?春天阳气蒸腾勃发,百草生长,秋天庄稼成熟,万物果实累累。难道春天与秋天就没有功德,不值得推崇吗?不过是自然规律的运行与变化而已。我听说道德修养极高的人,总会像木人一样虚淡宁静地生活在斗室小屋内,而百姓却只是纵任不羁,全然不知道该做什么。如今畏垒山一带的庶民百姓私下里谈论,想把我列入贤人

于老聃之言。"

弟子曰："不然。夫寻常之沟，巨鱼无所还其体，而鲵鳅为之制；步仞之丘陵，巨兽无所隐其躯，而孽狐为之祥。且夫尊贤授能，先善与利，自古尧、舜以然，而况畏垒之民乎！夫子亦听矣！"

庚桑子曰："小子来！夫函车之兽，介而离山，则不免于网罟之患；吞舟之鱼，砀而失水，则蚁能苦之。故鸟兽不厌高，鱼鳖不厌深。夫全其形生之人，藏其

行列加以供奉，我难道乐意成为众所瞩目之人吗？我正是因为遵从老聃的教诲才感到不快啊。"

弟子说："不是这样的。小水沟里，大鱼没有办法回转它的身体，可小小的泥鳅却能转身自如；小矮山里，巨兽没有办法隐匿身躯，可是妖狐却正好得以栖身。况且尊重贤才，授权能人，以善为先，给人利禄，从尧、舜时代起就是这样，何况畏垒山一带的百姓呢！先生您还是听任大家的心意吧！"

庚桑楚说："小子们过来！口能含车的巨兽，一旦独自出山，那就不能免于罗网的灾祸；口能吞舟的大鱼，一旦荡脱出水，那小小的蚂蚁也会使它困顿不堪。所以鸟兽不厌山高，鱼鳖不厌水深。要保全身形本性，人们必须隐匿自己，不厌深幽高远

身也，不厌深眇而已矣！且夫二子者，又何足以称扬哉！是其于辩也，将妄凿垣墙而殖蓬蒿也，简发而栉，数米而炊，窃窃乎又何足以济世哉！举贤则民相轧，任知则民相盗。之数物者，不足以厚民。民之于利甚勤，子有杀父，臣有杀君；正昼为盗，日中穴阫（péi）。吾语女：大乱之本，必生于尧、舜之间，其末存乎千世之后。千世之后，其必有人与人相食者也。"

……

而已。至于尧、舜二人，又哪里值得过度称赞褒扬呢！若想像他们那样分辨世上善恶贤愚，无异于像是在毁坏好端端的垣墙而去种无用的蓬蒿，像是梳理头发，却要一根根挑选，像是烹煮米饭，却要一粒粒点数，计较于区区小事，又怎么能有益于世啊！举荐贤才，人民就会相互倾轧，选任智者，百姓就会相互伪诈。这些做法，不足以给人民带来好处。常人对于追求私利向来十分迫切，为了私利，有的儿子杀了父亲，有的臣子杀了国君，有的光天化日抢劫，有的白日昭昭挖墙洞偷盗。我告诉你们：天下大乱的根源，必定是产生于尧、舜时代，而它的流毒和贻害又一定会留存于千年之后。届时，还必会出现人与人相食的情形哩！"

……

徐无鬼第二十四

……

知士无思虑之变则不乐，辩士无谈说之序则不乐，察士无凌谇（suì）之事则不乐，皆囿于物者也。

招世之士兴朝，中民之士荣官，筋力

……

才智聪颖的人没有思虑上的机变转换不会感到快乐，善于辩论的人没有谈说的条畅有序不会感到快乐，喜于明察的人没有对别人的冒犯与责问也不会感到快乐，这都是因为他们受到了外物的限制。

招摇炫世的人从朝堂开始建功立业，中才善治的人以做官为

之士矜难,勇敢之士奋患,兵革之士乐战,枯槁之士宿名,法律之士广治,礼教之士敬容,仁义之士贵际。

农夫无草莱之事则不比,商贾无市井之事则不比。庶人有旦暮之业则劝,百工有器械之巧则壮。钱财不积则贪者忧,权势不尤则夸者悲。势物之徒乐变,遭时有所用,不能无为也。此皆顺比于岁,不物于易者也。驰其形性,潜之万物,终身不反,悲夫!

荣,身强体壮的人不把危难放在眼里,英勇无畏的人遇上祸患习惯奋不顾身,披甲戴盔的人每逢征战总会乐于卖力,隐居山林的人更加追求清白名声,研修律令司法的人一心推行法治,崇尚礼教的人注重仪容修饰,讲求仁义的人看重人际外交。

农夫没有除草耕耘的事不会觉得充实和乐,商人没有贸易买卖的事不会心神安宁。百姓只要早晚皆有工作就会自觉勤勉,工匠只要有器械的技巧就会功效显著。钱财积攒不多,贪婪的人总是忧愁不乐,权势所获不及而私欲很盛的人便会悲伤哀叹。依仗权势掠取财物的人热衷于变乱,一遇时机便铤而走险,难以做到清静无为。这样的人都是随波逐流地取舍俯仰,拘累于外物不能变通。身体与精神过分奔波驰鹜，沉溺外物包围之中，一辈子不能醒悟，实在是悲哀啊！

庄子曰："射者非前期而中，谓之善射，天下皆羿也，可乎？"

庄子说："射箭的人不预先瞄准目标，而只是误中靶的，称他善于射箭，那普天下都是后羿那样善射的人了，可以这样说吗？"

惠子曰："可。"

惠子说："可以。"

庄子曰："天下非有公是也，而各是其所是，天下皆尧也，可乎？"

庄子说："天下本没有公认的正确标准，却各以自己认可的标准为正确，那么普天下都是像尧那样的圣贤了，可以这样说吗？"

惠子曰："可。"

惠子说："可以。"

庄子曰："然则儒、墨、杨、秉四，与夫子为五，果孰是邪？或者若鲁遽者邪？其弟子曰：'我得夫子之道矣！吾能冬爨鼎而夏造冰

庄子说："那么郑缓、墨翟、杨朱、公孙龙四家，加上先生你便是五家，到底谁是正确的呢？或者都像是周初的鲁遽那样吗？他的弟子曾说：'我学得了先生的学问，能在冬天生火烧饭，在夏天引水制冰。'鲁遽说：'这只

矣!'鲁遽曰:'是直以阳召阳,以阴召阴,非吾所谓道也。吾示子乎吾道。'于是为之调瑟,废一于堂,废一于室,鼓宫宫动,鼓角角动,音律同矣!夫或改调一弦,于五音无当也,鼓之,二十五弦皆动,未始异于声,而音之君已!且若是者邪!"

惠子曰:"今夫儒、墨、杨、秉,且方与我以辩,相拂以辞,相镇以声,而

不过是用具有阳气的东西来招引出阳气之物,用具有阴气的东西来招引出阴气之物而已,不是我所倡导的学问。我来告诉你我所主张的道理。'于是鲁遽调整好瑟弦,放一张在堂上,放另一张在内室,弹奏起这张瑟的宫音而那张瑟的宫音也随之应合,弹奏那张瑟的角音而这张瑟的角音也随之应合,实属调类相同啊!但如果其中任何一根弦改了调,并且拨动它,结果二十五根弦也都会响起来,发出各式各样不同的声音。声调上没什么差别,而那个令所有弦动的音,恐怕就是乐音之王了。您也是那个像鲁遽那样可以改变音调的人吧?"

惠子说:"如今郑缓、墨翟、杨朱、公孙龙,他们正跟我一道辩论,用言辞互相指责,用声望互相压制,却从不曾认为自己不

未始吾非也，则奚若矣？"

庄子曰："齐人蹢子于宋者，其命阍也，不以完；其求銒（xíng）钟也，以束缚；其求唐子也，而未始出域；有遗类矣夫！楚人寄而蹢阍者，夜半于无人之时而与舟人斗，未始离于岑而足以造于怨也。"

庄子送葬，过惠子之墓，顾谓从者曰："郢人垩慢其鼻端若蝇翼，使匠石斫之。匠石运斤成

对，那么将会怎么样呢？"

庄子说："有个齐国人，把儿子送到宋国，让他像断脚的残废一样看守城门不许离开；他有个銒钟乐器，从不舍得享用，却包裹束缚起来；还有人自家丢了小孩，声声以求却从不出城寻找，类似蠢事都与各家争论的情形有些相同！楚国有个人，寄居在别人家里，却责骂看门人，半夜无人时走出门来又跟船家打了起来，还不曾离开岸边就又结下了新的怨愤。"

庄子送葬，经过惠子的墓地，回过头来对随从说："郢地有个人，被一点白灰泥涂到了鼻尖上，白点就像蚊蝇翅膀那样大小，于是他让匠石用斧子砍

风，听而斫之，尽垩而鼻不伤，郢人立不失容。宋元君闻之，召匠石曰：'尝试为寡人为之。'匠石曰：'臣则尝能斫之。虽然，臣之质死久矣！'自夫子之死也，吾无以为质矣，吾无与言之矣！"

削掉白点。匠石挥动斧子，像风一样呼呼作响，漫不经心地砍削白点，结果鼻尖上的白泥被完全除去而鼻子却一点没有受伤，郢人站在那里也若无其事，神色如常。宋元君知道了这件事，召见匠石说：'你也为我再试一回。'匠石说：'我确实曾能砍削掉鼻尖上的泥点，但即便如此又怎样，我可以施展的对象已经死去很久了。'自从惠子离开了人世，我也失去了可以匹敌的对手，再也找不到与之论辩的人了！"

管仲有病，桓公问之曰："仲父之病病矣，可不讳云，至于大病，则寡人恶乎属国而可？"

管仲曰："公谁

管仲生了病，齐桓公问他："您的病已经很重了，不避讳地说，一旦病危不起，我该把国事托付给谁才合适呢？"

管仲说："你想要交给谁呢？"

欲与?"

公曰:"鲍叔牙。"

曰:"不可。其为人洁廉,善士也;其于不己若者,不比之,又一闻人之过,终身不忘。使之治国,上且钩乎君,下且逆乎民。其得罪于君也,将弗久矣!"

公曰:"然则孰可?"

对曰:"勿已,则隰(xí)朋可。其为人也,上忘而下畔,愧不若黄帝,而哀不己若者。以德分人谓之圣,以财分人谓之贤。以贤临人,未有得人者也;以贤下人,未有不得人者

齐桓公说:"鲍叔牙。"

管仲说:"不可以。鲍叔牙为人清洁廉正,是个好人;但是他对于不如自己的人从不主动亲近,而且一听到别人的过错,就一辈子不会忘掉。让他治理国家,对上不免触犯国君,对下势必脱离百姓。而且一旦得罪于国君,也就不能长久执政了!"

齐桓公说:"那么谁可以呢?"

管仲回答说:"万不得已,隰朋尚可。隰朋为人,对上不显示位尊而对下不分别卑微,自愧不如黄帝,又能怜悯不及自己的人。能以道德感化他人的人称作圣人,能用财物周济他人的人称作贤人。以贤人自居而驾临于他人之上,不会获得人们的拥戴;举贤人之名而能谦恭待人,则不

也。其于国，有不闻也，其于家，有不见也。勿已，则隰（xí）朋可。"

……

可能得不到人们的拥戴。当然，他对于国事不见得事事听闻，对于家事也不见得事事可知。不得已，那么隰朋尚可。"

……

则阳第二十五

……

魏莹与田侯牟约,田侯牟背之,魏莹怒,将使人刺之。

犀首公孙衍闻而耻之,曰:"君为万乘之君也,而以匹夫从仇。衍请受甲二十万,为君攻之,虏其人民,系其

……

魏惠王与齐威王订立盟约,而齐威王违背了盟约。魏惠王大怒,打算派人刺杀齐威王。

将军公孙衍知道后,认为做法可耻,说:"您是大国国君,却用普通百姓的手段复仇。我愿统带二十万披甲士兵,替您攻打齐国,俘获他的百姓,牵走他的牛马,使齐君心急如焚,热毒

牛马，使其君内热发于背，然后拔其国。忌也出走，然后扶（chì）其背，折其脊。"

季子闻而耻之，曰："筑十仞之城，城者既十仞矣，则又坏之，此胥靡之所苦也。今兵不起七年矣，此王之基也。衍乱人，不可听也。"

华子闻而丑之，曰："善言伐齐者，乱人也；善言勿伐者，亦乱人也；谓'伐之与不伐乱人也'者，又乱人也。"

君曰："然则若何？"

发于背心，然后再攻占他的国土。如果齐国大将田忌望风而逃，我再追鞭他的后背，折断他的脊骨。"

季子知道后，又认为公孙衍的做法可耻，他说："修筑十仞高的城墙，业已修得那么高了，却又突然把它毁掉，这可是服役之人痛心的事啊。如今战争不起已经七年，这是大王事业的基础。公孙衍实在是挑起祸乱的人，不可听从他的主张。"

华子知道以后，又鄙夷公孙衍和季子的观点，他说："极力主张讨伐齐国的人，是拨弄祸乱的人；极力劝说不要讨伐齐国的人，也是好乱之人；评说'讨伐还是不讨伐并以此搅乱人心'的人，他本身也是祸乱之人。"

魏王说："既然如此，那该怎么办呢？"

曰:"君求其道而已矣。"

惠子闻之,而见戴晋人。戴晋人曰:"有所谓蜗者,君知之乎?"

曰:"然。"

"有国于蜗之左角者,曰触氏;有国于蜗之右角者,曰蛮氏。时相与争地而战,伏尸数万,逐北,旬有五日而后反。"

君曰:"噫!其虚言与?"

曰:"臣请为君实之。君以意在四方上下有穷乎?"

君曰:"无穷。"

曰:"知游心于

华子说:"您还是求助于自然之道罢!"

惠子听说后,将戴晋人引荐给了魏王。戴晋人对魏王说:"有种叫蜗牛的小动物,国君知道吗?"

魏王说:"知道。"

戴晋人说:"有个国家在蜗牛的左角,叫作触氏;有个国家在蜗牛的右角,叫作蛮氏,双方常常为争夺土地而打仗,横尸无数,即使追赶败退者,也要整整花去十五天才能撤兵而返。"

魏王说:"咦,那都是胡编的故事吧?"

戴晋人说:"那就让我来为您证实。您认为天地四方上下左右可有尽头?"

魏王说:"没有止境。"

戴晋人说:"知道自己的思

无穷,而反在通达之国,若存若亡乎?"

君曰:"然。"

曰:"通达之中有魏,于魏中有梁,于梁中有王,王与蛮氏有辩乎?"

君曰:"无辩。"

客出而君惝然若有亡也。

客出,惠子见。君曰:"客,大人也,圣人不足以当之。"

惠子曰:"夫吹管也,犹有嗃也;吹剑首者,吷(xuè)而已矣。尧、舜,人之所誉也;道尧、舜于

想是在无穷之境中遨游,却又突然返回人间的世界,是不是会感到若存若失呢?"

魏王说:"是的。"

戴晋人又说:"在这人间世界的狭小范围内有一个魏国,在魏国有个大梁城,在大梁城中有魏王您。大王与那蛮氏相比,有区别吗?"

魏王回答说:"还真没有。"

戴晋人辞别而去,魏王心中怅然若有所失。

戴晋人离开不久,惠子进见。魏王说:"戴晋人真是个了不起的来客,那些圣人都不足以和他相提并论。"

惠子说:"吹竹木箫管,自会有嘟嘟宏声;吹剑首环孔,只发出丝丝微音。尧、舜是人们赞誉的圣人,在戴晋人面前称赞尧与舜,就犹如在箫管面前吹出丝

戴晋人之前，譬犹一吷也。"

孔子之楚，舍于蚁丘之浆。其邻有夫妻臣妾登极者，子路曰："是稯（zōng）稯何为者邪？"

仲尼曰："是圣人仆也。是自埋于民，自藏于畔。其声销，其志无穷；其口虽言，其心未尝言。方且与世违，而心不屑与之俱。是陆沉者也，是其市南宜僚邪？"

子路请往召之。

孔子曰："已矣！彼知丘之著于己也，知丘之适楚也，以

丝之音而已。"

孔子到楚国去，寄宿在蚁丘的卖浆人家。卖浆人家的邻居夫妻以及奴仆等全都登上屋顶观看孔子的车骑，子路说："这么多人聚集在一起干什么呢？"

孔子说："他们都是圣人的仆从罢了。圣哲之人把自己隐藏在百姓中，藏身于田园生活里。他的声音从世上消失了，他的志向远大；嘴里虽然在说着话，心里却好像并不曾说过什么。他处处与世俗相违背，且心里总不屑与世俗为伍。这就是隐遁于世俗中的隐士，他恐怕就是楚国的市南宜僚吧？"

子路请求前去召见他。

孔子说："算了吧！他知道我了解他，又知道我到了楚国，认为我必会请楚王召见他。他可

丘为必使楚王之召己也。彼且以丘为佞人也。夫若然者，其于佞人也，羞闻其言，而况亲见其身乎！而何以为存？"

子路往视之，其室虚矣。

……

柏矩学于老聃，曰："请之天下游。"

老聃曰："已矣！天下犹是也。"

又请之，老聃曰："汝将何始？"

曰："始于齐。"

至齐，见辜人焉，推而强之，解朝服而幕之，号天而哭

能把我看成是巧言献媚的人。果真如此的话，他对于巧言献媚的人一定是羞于听其言谈，更何况亲见其人呢！你凭什么认为他还会留在那里？"

子路前往探看，市南宜僚的居室里已空无一人。

……

柏矩跟着老聃学道，说："请求老师同意我游历天下。"

老聃说："算了吧，天下就像这里一样。"

柏矩再次请求，老聃说："那你打算先去哪里？"

柏矩说："先从齐国开始。"

柏矩到了齐国，见到一个被处死刑、抛尸示众的人，便把那尸体摆正，再解下朝服覆

之，曰："子乎！子乎！天下有大灾，子独先离之。曰莫为盗，莫为杀人。荣辱立然后睹所病，货财聚然后睹所争。今立人之所病，聚人之所争，穷困人之身，使无休时。欲无至此，得乎！

"古之君人者，以得为在民，以失为在己；以正为在民，以枉为在己。故一形有失其形者，退而自责。今则不然，匿为物而愚不识，大为难而罪不敢，重为任而罚不胜，远其涂而诛不至。民知力竭，则

盖其上，仰天号啕大哭道："你呀你呀！天下即将大祸临头，偏偏你先碰上了。人常说不要做强盗，不要杀人！为何要去做呢？世间一旦有了荣辱区别，各种弊端就显现出来；财货日渐聚积，各种争斗就表露出来。如今，树立人们所厌恶的，聚积人们所争夺的，贫穷困厄的人疲于奔命便永无安分，想祸不致杀身，怎么可能？

"古时候的统治者，总是把功劳归于百姓，把失谬归于自己；把做对的事归于百姓，把做错的事归于自己。所以一旦有人遭受到损害，便私下责备自己。如今却不是这样，他们隐匿事物的真相，愚弄不了解的人，扩大办事的难度，却归罪于不敢挑战困难的人，加重工作的负担，却处罚不能胜任的人，拉远路途的距离，

以伪继之。日出多伪,士民安取不伪。夫力不足则伪,知不足则欺,财不足则盗。盗窃之行,于谁责而可乎?"

……

却谴责不能及时达到的人。人民耗尽心智,则只能虚假应付。上层天天做出那么多虚假的事情,百姓怎么会不弄虚作假!力量不够便作假,智巧不足就欺诈,财力不济便行盗。那么盗窃的行径,到底该责备谁才对呢?"

……

外物第二十六

......

庄周家贫,故往贷粟于监河侯。监河侯曰:"诺。我将得邑金,将贷子三百金,可乎?"庄周忿然作色曰:"周昨来,有中道而呼者,周顾视车辙,中有鲋鱼焉。周问之曰:

......

庄周家境贫寒,于是前往监河侯处借粮。监河侯说:"行,我即将收取封邑之地的税金,届时借给你三百金,可以吗?"庄周听了,气得脸色都变了,说:"我昨天来的时候,半道上听到呼叫声,回头四处查看车轮辗过的小坑洼处,有条鲫鱼在那里挣扎。我问它:'鲫鱼,你干什么

庄子

'鲋鱼来，子何为者耶？'对曰：'我，东海之波臣也。君岂有斗升之水而活我哉！'周曰：'诺，我且南游吴越之王，激西江之水而迎子，可乎？'鲋鱼忿然作色曰：'吾失我常与，我无所处。吾得斗升之水然活耳。君乃言此，曾不如早索我于枯鱼之肆。'"

……

儒以《诗》《礼》发冢，大儒胪传曰："东方作矣，事之何若？"小儒曰："未解裙襦，口中有珠。

呢？'鲫鱼回答：'我是东海水族之一，请你找斗升之水帮我活下来吧！'我对它说：'好啊，且等我到南方去游说吴王、越王，引发西江之水来迎候你，可以吗？'鲫鱼变了脸色生气地说：'我失去了赖以生存、时常相伴的水，没有安身之处。眼下只要能得到斗升之水就能活下来，而你竟说出这样的话，还不如早点到干鱼市场里去找我！'"

……

儒生们按照《诗》《礼》的教导盗掘坟墓，大儒从上往下传话："太阳快升起来了，事情进行得怎么样？"小儒说："下裙和内衣还未解开，口中还含着珠

《诗》固有之曰:'青青之麦,生于陵陂。生不布施,死何含珠为?'""接其鬓,压其颥(huì),儒以金椎控其颐,徐别其颊,无伤口中珠。"

……

宋元君夜半而梦人被发窥阿门,曰:"予自宰路之渊,予为清江使河伯之所,渔者余且得予。"元君觉,使人占之,曰:"此神龟也。"君曰:"渔者有余且乎?"左右曰:"有。"君曰:"令余

子。《诗》中原本就有这样的句子:'青青的麦苗,长在山坡上。生前不愿周济别人,死了怎么还含着珠子?'"大儒说:"抓起他两鬓的头发,按着他的胡须,再用铜锤敲打他的下巴,慢慢分开他的两颊,千万不要损坏了他口中的珠子!"

……

宋元君半夜里梦见有人披头散发站在侧门窥视,说:"我来自名叫宰路的深渊,作为清江的使者出使河伯居所,现被渔夫余且捕捉。"宋元君醒来,派人占卜,结果说:"这是神龟在托梦。"宋元君问:"可有名叫余且的渔夫?"左右侍臣回答:"有。"宋元君说:"叫余且来见我。"第二天,余且来朝。宋元

且会朝。"明日，余且朝。君曰："渔何得？"对曰："且之网得白龟焉，其圆五尺。"君曰："献若之龟。"龟至，君再欲杀之，再欲活之。心疑，卜之。曰："杀龟以卜吉。"乃刳（kū）龟，七十二钻而无遗筴。仲尼曰："神龟能见梦于元君，而不能避余且之网；知能七十二钻而无遗筴，不能避刳肠之患。如是则知有所困，神有所不及也。虽有至知，万人谋之。鱼不畏网而畏鹈鹕。去小知而大知明，去善而自善矣。

君问："你捕捞到了什么？"余且回答："我的网捕捉到一只白龟，周长五尺。"宋元君说："献出你捕获的白龟。"白龟送到，宋元君忽而想杀掉它，忽而又想养起来，心里反复犯疑惑，于是又卜问吉凶。结果是："杀掉白龟用来占卜，一定大吉。"于是下令把白龟剖开挖空，用龟板占卜了七十二次，次次灵验。孔子知道后说："神龟能托梦给宋元君，却不能避开余且的鱼网；才智能占卜七十二次不失误，却不能逃脱被剖腹挖肠的大祸。如此说来，才智也有困窘的时候，神灵也有考虑不到的地方。即使存在最高超的智慧，也抵挡不了万人的谋算。鱼儿不畏惧鱼网，却害怕鹈鹕。看来只有摒弃小聪明，方才显示大智慧，只有除去矫饰的善行，方能真正回归自然的，

婴儿生，无石师而能言，与能言者处也。"
……

善性。婴儿出生后，没有高明的老师指点也能学会说话，只因为他跟会说话的人自然相处而已。"
……

寓言第二十七

寓言十九，重言十七，卮言日出，和以天倪。寓言十九，藉外论之。亲父不为其子媒，亲父誉之，不若非其父者也。非吾罪也，人之罪也。与己同则应，不与己同则反。同于己为是之，异于己为非之。

寄寓的言论十句有九句值得相信，圣贤哲人的言论十句有七句值得相信，如实表达、没有成见的言论天天在更新，这也吻合天道自然的变化。寄寓之言十分之九令人相信，是因为它借助了客观事物真实情况进行说明。比如做父亲的不给自己的儿子做媒，因为做父亲的夸赞儿子，总不如别人来称赞显得真实

重言十七,所以已言也,是为耆艾。年先矣,而无经纬本末以期年耆者,是非先也。人而无以先人,无人道也。人而无人道,是之谓陈人。卮言日出,和以天倪,因以曼衍,所以穷年。

不言则齐,齐与言不齐,言与齐不齐也,故曰无言。言无言,终身言,未尝

可信。这不是我们的过错,而是人们易于猜疑的过错。跟自己的看法相同就应和,跟自己的看法不同就反对;跟自己的看法一致就肯定,跟自己的看法不一致就否定。引述圣贤哲人之言十分之七令人相信,是因为它传递了前辈的论述。这些年事已高的长者之言因在理在先而无可争辩。一个人如果只是年岁长而无其他德行才智居人之先,也就缺乏为人之道。而缺乏为人之道的人,只能称之为陈腐无用之人。如实表达、没有成见的言论天天变化更新,与自然之道相符相合,不断因循引申,因此得以持久延年,尽享岁月。

不用说话而事理自然整齐划一,但原本整齐划一的自然之理跟分辨事物的言论相比,就不可能继续整齐划一了。既然言论跟

言；终身不言，未尝不言。有自也而可，有自也而不可；有自也而然，有自也而不然。恶乎然？然于然；恶乎不然，不然于不然。恶乎可？可于可；恶乎不可？不可于不可。物固有所然，物固有所可。无物不然，无物不可。非卮言日出，和以天倪，孰得其久！万物皆种也，以不同形相禅，始卒若环，莫得其伦，是谓天均。天均者，天倪也。

客观齐一的自然之理不能谐和一致，那么虽然有话可说，却不如不说。说跟自然常理不能谐和一致的话就如同没有说话，虽终身在说，也像是从未曾说；而终身不说话，也未尝不是在说话。有所原由方才认可，有所原由方才不认可；有所原由方才肯定，有所原由方才否定。怎么算是？正确的就是"是"。怎样算非？不正确的就是"非"。怎样是可以？肯定就是可以。怎样是不可以？否定就是不可以。万物原本就有它的本然一面，万物原本就有它可以肯定的方面。没有什么事物不存在正确的方面，也没有什么事物不存在应当肯定的方面。如果不是如实表达、无有成见的言论天天变化更新，与自然之道相互吻合，又有什么言论能够长久流传呢？万物都有一个共同的起源，却用不同的形态相互继承延续，开始和终了就像圆环在周而复始，循环往复，没有谁能彻底掌握其间规律，这就是支配天地万物变化的力量。这就叫作自然均衡。自然均衡，也就是自然规律。

庄子谓惠子曰："孔子行年六十而六十化。始时所是，卒而非之。未知今之所谓是之非五十九年非也。"

惠子曰："孔子勤志服知也。"

庄子曰："孔子谢之矣，而其未之尝言。孔子云：'夫受才乎大本，复灵以生。'鸣而当律，言而当法。利义陈乎

庄子对惠子说："孔子活了六十岁，而六十年来不断变化，与日俱新，当初所肯定的，后来又否定了，所以难说今天他认为对的，不是五十九岁时所认为不对的。"

惠子说："孔子在用勤奋和智慧来苦心实现志愿。"

庄子说："孔子励志用心的精神已大不如前，只是他不曾说出来。孔子说过：'他从自然之中禀受才智，从天道中获取灵性。'只发合于音律的声音，只说合于法度的话语。如果将利与

前，而好恶是非直服人之口而已矣。使人乃以心服，而不敢蘁（wù）立，定天下之定。已乎，已乎！吾且不得及彼乎！"

义同时陈列于人们的面前，进而分辨好恶与是非，这仅仅只能使人口服罢了。要使人们能够内心诚服，而且不敢有丝毫违逆，必须要确立天下的定规。不说了，不说了，我还比不上他呢！"

曾子再仕而心再化，曰："吾及亲仕，三釜而心乐；后仕，三千钟而不洎，吾心悲。"

曾参再次出来做官时，其心境较前一次又有了变化，说："我当年做官双亲在世，三釜微薄的俸禄也令人感到快乐；后来再次做官，即便有三千钟的俸禄也赶不及赡养双亲了，心里真是悲伤啊。"

弟子问于仲尼曰："若参者，可谓无所县其罪乎？"

曰："既已县矣！夫无所县者，可以有哀乎？彼视三釜、

弟子问孔子说："像曾参这样至孝的人，可以说没有牵累于利禄的过错吧？"

孔子说："他已经被利禄牵累了。如果内心没有牵累，怎会出现悲伤的感情？对待利禄心

三千钟,如观雀蚊虻相过乎前也。"

……

众罔两问于景曰:"若向也俯而今也仰,向也括而今也被发,向也坐而今也起,向也行而今也止,何也?"

景曰:"搜搜也,奚稍问也!予有而不知其所以。予,蜩甲也,蛇蜕也,似之而非也。火与日,吾屯也;阴与夜,吾代也。彼,吾所以有待邪?而况乎以无有待者乎?彼来则我与

无所系的人,他们看待三釜还是三千钟,都像是看待雀儿和蚊虻从眼前飞过一般。"

……

几个影外的微阴问影子说:"你先前低头,现在仰头,先前束着发髻,现在披着头发,先前坐着,现在站起,先前行走,现在止步,这是在干什么呢?"

影子回答:"我本如此,有什么可问的呢?我是有那些表现,但自己也不知为何如此。我,就如同寒蝉蜕下的壳、长蛇蜕下来的皮,像它们却又不是它们。火光与日光,使我聚合而显明;阴天与黑夜,使我得以隐息。可是,有形的物体真的就是我赖以存在的凭借吗?那没有任何依赖的事

之来，彼往则我与之往，彼强阳则我与之强阳。强阳者，又何以有问乎？"

物该如何呢？有形之物到来，我便随之而来，有形之物离去，我便随之离去，有形之物徘徊，我就随之不停地摇动。不过是个活动的影子，又有什么可问的呢？"

阳子居南之沛，老聃西游于秦，邀于郊，至于梁而遇老子。老子中道仰天而叹曰："始以汝为可教，今不可也。"

阳子居不答。至舍，进盥漱巾栉，脱屦户外，膝行而前，曰："向者弟子欲请夫子，夫子行不闲，是以不敢；今闲矣，请问其过。"

阳子居往南到沛地去，正巧老聃到西边的秦地闲游。阳子居邀约老聃在沛地附近的郊野相见，但直到梁这个地方才见上面。半路上，老聃仰天长叹说："当初我把你看作是可以教诲的人，如今看来并非如此啊。"

阳子居没有说话。到了驿站，阳子居为老聃进上盥洗梳理的用具，将其鞋子脱在门外，双膝跪行上前说："之前弟子正想请教先生，但先生旅途匆忙没有空闲，不敢贸然启齿。此刻先生闲暇下来，恳请先生指出我的

老子曰:"而睢(suī)睢盱(xū)盱,而谁与居?大白若辱,盛德若不足。"阳子居蹴然变容曰:"敬闻命矣!"

其往也,舍者迎将其家,公执席,妻执巾栉,舍者避席,炀者避灶。其反也,舍者与之争席矣!

过错。"

老聃说:"你仰头侧目神色傲慢,如此能够与谁相处?过于干净的东西就会凸显污垢,过于完美的德行总会凸显不足。"阳子居听了脸色大变,羞惭不安地说:"弟子衷心接受先生的教导。"

阳子居刚来驿站时,其他客人都得对其迎来送往,店主人亲自为他安排座席,女主人亲捧毛巾梳子侍候其盥洗,客人们见了他都得让座,烤火的人见了急忙远离炉灶。等到他离开驿站的时候,那里的客人已经跟他无拘无束地争席而坐了。

让王第二十八

尧以天下让许由，许由不受。又让子州支父，子州支父曰："以我为天子，犹之可也。虽然，我适有幽忧之病，方且治之，未暇治天下也。"夫天下至重也，而不以害其生，又况他物乎！唯无以

尧想把天下让给许由，许由不接受。又让给子州支父，子州支父说："让我来做天子，未尝不可。但是，我正患有顽固难愈的病症，正打算治病，没有空闲治天下啊。"治理天下是最重的事，但却不能因此加害自己的生命，其他一般的事物就更不用提了。只有那些不把天下当回事儿，忘怀天下的人，才值得把天

天下为者，可以托天下也。

舜让天下于子州支伯，子州支伯曰："予适有幽忧之病，方且治之，未暇治天下也。"故天下大器也，而不以易生。此有道者之所以异乎俗者也。

舜以天下让善卷，善卷曰："余立于宇宙之中，冬日衣皮毛，夏日衣葛绪（chī）。春耕种，形足以劳动；秋收敛，身足以休食。日出而作，日入而息，逍遥于天地之间，而心意自得。吾何以天下为哉！悲夫，子之不知

下托付给他。

舜让天下给子州支伯，子州支伯说："我正患有顽固难愈的病症，正打算认真治病，没有空闲治理天下。"所以，即便天下是最为贵重的东西，可是却不能用它来交换生命。这就是有道之士对待天下跟世俗之人大不相同的原因。

舜又把天下让给善卷，善卷说："我原本就身处宇宙之间，冬天披柔软的皮毛，夏天穿通透的葛布。春天耕地下种，身躯足以承受耕耘劳作；秋天收割贮藏，个人完全能够自给自足。太阳升起时下地干活，太阳下山了返家安息，无拘无束地生活在天地之间，而心中的快意只有我自身能够领受。我去统治天下干什么呢！可悲啊，你不了解我！"

余也。"遂不受。于是去而入深山，莫知其处。

舜以天下让其友石户之农。石户之农曰："卷卷乎后之为人，葆力之士也。"以舜之德为未至也，于是夫负妻戴，携子以入于海，终身不反也。

……

鲁君闻颜阖得道之人，使人以币先焉。

颜阖守陋闾，苴布之衣，而自饭牛。鲁君之使者至，颜阖自对之。使者曰：

于是善卷没有接受，并从此离开家隐入深山中，再也没有人知道他的下落。

舜再把天下让给他石户之地的一位农夫朋友，石户农夫说："我为人一向勤苦，凡事尽心尽力，哪有闲暇治理天下！"因为深感舜之德行未能臻于极致，于是夫妻二人背的背、扛的扛，带着子女去到海上的荒岛，终生不再返回。

……

鲁国国君听说颜阖是一个得道的人，便派使者先行送去礼金表达敬慕之意。

颜阖居住在极为狭窄的巷子里，穿着粗麻布衣在亲自喂牛。鲁君的使者到来后，颜阖亲自接待了他。使者问："这里是颜阖

"此颜阖之家与？"颜阖对曰："此阖之家也。"使者致币。颜阖对曰："恐听者谬而遗使者罪，不若审之。"使者还，反审之，复来求之，则不得已！故若颜阖者，真恶富贵也。

故曰：道之真以治身，其绪余以为国家，其土苴以治天下。由此观之，帝王之功，圣人之余事也，非所以完身养生也。今世俗之君子，多危身弃生以殉物，岂不悲哉！

凡圣人之动作也，必察其所以之与

的家吗？"颜阖回答："这里就是颜阖的家。"使者送上礼物，颜阖回答说："恐怕听错了话而给使者带来过失，不如再回去仔细问清楚。"使者返回，反复核实无误，再次来找颜阖，却再也找不到了。像颜阖这样的人，真正是厌恶富贵的人。

所以说：大道的真谛能够修身养性，大道的余辉可以效力国家，而大道的糟粕才用来统治天下。由此可见，帝王的功业，只不过是圣人的闲余之事而已，不是用来保全性命、修养心性的。如今世俗所谓的君子，大多危害身体、弃置禀性，一味地追逐身外之物，这难道不是可悲的事情！

大凡圣人的一举一动，一定会仔细思量这样做的原因及目

其所以为。今且有人于此，以随侯之珠，弹千仞之雀，世必笑之。是何也？则其所用者重而所要者轻也。夫生者岂特随侯之重哉！

……

楚昭王失国，屠羊说走而从于昭王。昭王反国，将赏从者，及屠羊说，屠羊说曰："大王失国，说失屠羊。大王反国，说亦反屠羊。臣之爵禄已复矣，又何赏之有！"王曰："强之！"屠羊说曰：

的。可如今却有这样的人，竟用珍贵的随侯之珠当作弹丸打高高飞翔的小小麻雀，世人必然耻笑他。什么原因呢？那是因为他所失去的东西贵重而所换取的东西轻贱啊。所以说到生命，其贵重程度岂止是随侯之珠可以比得上的！

……

楚昭王丧失了国土，屠羊说跟随他在外逃亡。后来昭王返回楚国，打算赏赐跟随他逃亡的人，赏赐到屠羊说时，他回禀说："当年大王丧失了国土，我也失去了屠宰羊牲的职业。大王返归楚国，我也就得以重操旧业。我的地位利禄已经失而复得，又有何理由再受赏赐呢！"昭王说："你必须接受！"屠羊

"大王失国,非臣之罪,故不敢伏其诛;大王反国,非臣之功,故不敢当其赏。"王曰:"见之。"屠羊说曰:"楚国之法,必有重赏大功而后得见。今臣之知不足以存国,而勇不足以死寇。吴军入郢,说畏难而避寇,非故随大王也。今大王欲废法毁约而见说,此非臣之所以闻于天下也。"

王谓司马子綦曰:"屠羊说居处卑贱而陈义甚高,子其为我延之以三旌之位。"屠羊说曰:"夫三旌之位,吾知其贵

说说:"大王失去楚国,不是为臣的过失,所以我不愿坐以待毙,伏法受诛;大王返归楚国,也不是为臣的功劳,所以我也不该接受赏赐。"楚昭王说:"那我倒要接见下他!"屠羊说说:"按照楚国法令,一定是有大功并获重赏的人才能够荣获接见的礼遇,现在我的才智不足以使国家保全,而勇力又不足以使敌寇溃灭。吴军攻入郢都时,我曾畏惧危难而躲避强寇,并不是有心追随大王去国逃亡。如今大王要弃置法令和制度来接见我,这并不是我所乐意被传闻于天下的事。"

楚昭王对司马子綦说:"屠羊说身处卑贱而陈述的道义却很深刻,你替我以三公之位来延请他。"屠羊说知道后说:"我知道,三公的高位比屠羊的作坊实在高贵得多,优厚的俸禄比屠羊

于屠羊之肆也；万钟之禄，吾知其富于屠羊之利也。然岂可以贪爵禄而使吾君有妄施之名乎？说不敢当，愿复反吾屠羊之肆。"遂不受也。

……

的报酬实在丰厚得多。然而，我怎么可以贪图高官厚禄而使国君蒙受滥施恩惠的恶名呢？我不敢接受公卿之位，只愿重新回到屠宰羊牲的作坊。"于是没有接受封赏。

……

盗跖第二十九

孔子与柳下季为友,柳下季之弟名曰盗跖。盗跖从卒九千人,横行天下,侵暴诸侯。穴室抠户,驱人牛马,取人妇女。贪得忘亲,不顾父母兄弟,不祭先祖。所过之邑,大国守城,小国入保,万

孔子跟柳下季是朋友,柳下季的弟弟名叫盗跖。盗跖的部下有九千人,横行天下,侵扰各国诸侯。他们穿室破门,掠夺牛马,抢劫妇女;贪求财物,目无亲朋,全然不顾父母兄弟,更不祭祀祖先。他们所经过的地方,大国的国民避守城池,小国的国民退入城堡,百姓饱受痛苦。孔子对柳下季说:"大凡做父母的,

民苦之。孔子谓柳下季曰:"夫为人父者,必能诏其子;为人兄者,必能教其弟。若父不能诏其子,兄不能教其弟,则无贵父子兄弟之亲矣。今先生,世之才士也,弟为盗跖,为天下害,而弗能教也,丘窃为先生羞之。丘请为先生往说之。"柳下季曰:"先生言为人父者必能诏其子,为人兄者必能教其弟,若子不听父之诏,弟不受兄之教,虽今先生之辩,将奈之何哉?且跖之为人也,心如涌泉,意如飘风,强足以距敌,辩足以饰

必定能管教子女;做兄长的,必定能教育弟弟。假如做父亲的不能管教子女,做兄长的不能教育弟弟,那么父子、兄弟之间的亲情也就没什么可宝贵的了。如今先生你,是当世贤才,然而弟弟却是盗跖,成为天下祸害,你不能对他约束管教,我私下很替先生感到羞愧。我愿替先生前去说服他。"柳下季说:"先生说做父亲的必定能管教自己的子女,做兄长的必定能教育自己的弟弟,但是假如子女不听父亲的管教,兄弟不听兄长的劝诫,即使像先生这样能言善辩,又能拿他怎么办呢?而且盗跖的为人,思想活跃常如泉涌,情感多变像飘风,勇武强悍足以拒敌,巧言善辩足以饰过。你顺从他的心意,他就高兴,违背他的意愿,他就暴怒,总惯于用言语侮辱人。先生

非。顺其心则喜,逆其心则怒,易辱人以言。先生必无往。"

孔子不听,颜回为御,子贡为右,往见盗跖。盗跖乃方休卒徒太山之阳,脍人肝而铺之。孔子下车而前,见谒者曰:"鲁人孔丘,闻将军高义,敬再拜谒者。"

谒者入通。盗跖闻之大怒,目如明星,发上指冠,曰:"此夫鲁国之巧伪人孔丘非邪?为我告之:尔作言造语,妄称文、武,冠枝木之冠,带死牛之胁,多辞缪说,不耕而食,不织而衣,摇唇鼓

千万不要去见他。"

孔子不听劝告,让颜回驾车,子贡相陪,前去会见盗跖。盗跖正好率部在泰山南麓休整,还将人肝切片后分食。孔子下车上前,见到对方传话的人说:"鲁国人孔丘,听说将军道义高尚,拜托转达我求见的心意。"

禀报的人入内通报。盗跖听后勃然大怒,双目圆睁,亮如明星,头发竖起,直冲帽顶,说:"这不就是鲁国那个花言巧语之人孔丘吗?替我告诉他:你信口雌黄,假托文王、武王主张,头上整日戴着树杈般招摇的帽子,系着死牛皮腰带,满口的胡言歪理;你不种地却吃得不赖,不织布却穿得讲究,整天摇唇鼓舌,

舌,擅生是非,以迷天下之主,使天下学士不反其本,妄作孝弟,而侥幸于封侯富贵者也。子之罪大极重,疾走归!不然,我将以子肝益昼铺之膳。"

孔子复通曰:"丘得幸于季,愿望履幕下。"谒者复通。盗跖曰:"使来前!"孔子趋而进,避席反走,再拜盗跖。盗跖大怒,两展其足,案剑瞋目,声如乳虎,曰:"丘来前!若所言顺吾意则生,逆吾心则死。"

孔子曰:"丘闻之,凡天下有三德:

专门制造是非,迷惑天下诸侯,使天下的读书人不返自然,忘归其本,并且还虚妄地标榜孝悌之言论以侥幸得到封侯赏赐,成为富贵之人。你实在是罪大恶极,趁早滚回去!要不然,我也把你的肝挖出来添作午餐!"

孔子再次请求通报,说:"我有幸跟柳下季相识,诚恳希望能够面见将军。"禀报人员再次通报。盗跖说:"叫他进来!"孔子谦恭地快步进帐,避开座席连退数步,向盗跖施礼。盗跖大怒不已,叉开双腿,按着剑柄,怒睁双眼,声如母虎大声喝道:"孔丘上前来!你的话,合我心意就让你活,不合我心意就等着受死吧。"

孔子说:"我听说,天下人共有三种美德:天生魁梧高大,

生而长大,美好无双,少长贵贱见而皆说之,此上德也;知维天地,能辩诸物,此中德也;勇悍果敢,聚众率兵,此下德也。凡人有此一德者,足以南面称孤矣。今将军兼此三者,身长八尺二寸,面目有光,唇如激丹,齿如齐贝,音中黄钟,而名曰盗跖,丘窃为将军耻不取焉。将军有意听臣,臣请南使吴越,北使齐鲁,东使宋卫,西使晋楚,使为将军造大城数百里,立数十万户之邑,尊将军为诸侯,与天下更

漂亮无双,老幼贵贱见到皆欢欣喜悦,这是上等德行;才智通达天地,能力足以辨别不同事物,这是中等德行;勇武果敢,聚众率兵,这是下等德行。普通人只要拥有其中一种美德,便足以南面称王了。而将军却同时兼备上述三种美德,高大魁梧,身长八尺又二,神采奕奕,双目炯炯泛光,嘴唇鲜红犹如朱砂,牙齿整齐犹如编贝,声音洪亮合于黄钟,可名字却为盗跖,我实在暗中替您感到羞耻,且认为将军不该有此恶名。将军如果有意听我劝告,我将替您向南出使吴国、越国,向北出使齐国、鲁国,向东出使宋国、卫国,向西边出使晋国和秦国,派人为将军建造百里城池,建立坐拥数十万户人家的封邑,尊将军为一方诸侯,与天下各方消除旧怨,开启

始,罢兵休卒,收养昆弟,共祭先祖。此圣人才士之行,而天下之愿也。"

盗跖大怒曰:"丘来前!夫可规以利而可谏以言者,皆愚陋恒民之谓耳。今长大美好,人见而悦之者,此吾父母之遗德也。丘虽不吾誉,吾独不自知邪?

"且吾闻之,好面誉人者,亦好背而毁之。今丘告我以大城众民,是欲规我以利而恒民畜我也,安可久长也!城之大者,莫大乎天下矣。尧、舜有天下,子孙无置锥之地;汤、武

新章,弃置武器,休养士卒,收养兄弟,供祭祖先。这才是圣人贤士的作为,也是天下人共同的心愿。"

道跖大怒道:"孔丘过来!可以用利禄诱导、可以用语言规劝的,都是愚陋的平民罢了。我现在长得高大美好,人见了就喜欢,这是我父母遗留给我的德行。孔丘你虽然不赞美我,难道我自己不知道吗?

"而且我听说,喜欢当面称赞别人的人,也喜欢背后毁谤人。现在你告诉我可以帮我获得大城众民,这是想用利禄来引诱我,把我当顺民来收买,怎么可能长久呢!再大的城市,没有比天下更大的了。尧、舜拥有天下,而子孙却没有立锥之地;汤、武立为太子,而后代却被灭

立为天子,而后世绝灭,非以其利大故邪?

"且吾闻之,古者禽兽多而人少,于是民皆巢居以避之,昼拾橡栗,暮栖木上,故命之曰有巢氏之民。古者民不知衣服,夏多积薪,冬则炀之,故命之曰知生之民。神农之世,卧则居居,起则于于,民知其母,不知其父,与麋鹿共处,耕而食,织而衣,无有相害之心,此至德之隆也。然而黄帝不能致德,与蚩尤战于涿鹿之野,流血百里。尧、舜作,立群

绝了,这不正是因为他们贪求占有天下的缘故吗?

"而且我听说,古时候禽兽多而人少,于是人们都在树上筑巢来躲避禽兽,白天捡拾橡子、栗子,夜晚睡在树上,所以称他们为有巢氏的人。古时候人们不知道穿衣服,夏天存积了很多木柴,到了冬天用来燃烧取暖,所以称他们为知道生存的人。到了神农的时代,人们睡卧时安然恬静,行动时悠然自得,人们只知道母亲,不知道父亲,和麋鹿生活在一起,耕田而食,织布而衣,没有互相伤害的念头,这是道德极盛的时代。然而黄帝就无法具有这样的德行,他和蚩尤交战于涿鹿的郊野,导致民众血流百里。尧、舜称帝后设立群臣,汤流放了他的君主,武王杀害纣

臣，汤放其主，武王杀纣。自是以后，以强陵弱，以众暴寡。汤、武以来，皆乱人之徒也。

"今子修文、武之道，掌天下之辩，以教后世。缝衣浅带，矫言伪行，以迷惑天下之主，而欲求富贵焉，盗莫大于子。天下何故不谓子为盗丘，而乃谓我为盗跖？子以甘辞说子路而使从之，使子路去其危冠，解其长剑，而受教于子，天下皆曰孔丘能止暴禁非。其卒之也，子路欲杀卫君而事不成，身菹于卫东门之上，

王。从此以后，世人总是以强力欺凌弱小，以人多势众侵暴寡少之民。商汤、武王以来，世上都是祸害百姓之徒。

"现在你研习文王武王的治国之道，控制天下的言论，一心想用自己的主张来教化后世。你穿着宽衣博带的衣服，说话行动矫揉造作，用以迷惑天下的君主，企图从中获得富贵，由此看来，世上最大的盗贼莫过于你。天下人为什么不叫你为盗丘，而叫我盗跖呢？你用动听的话让子路死心塌地地跟从你，使子路不戴高冠，解下长剑，来接受你的教诲，天下的人都说孔丘能够制止暴力，禁绝不轨。可是弄到最后，子路要杀掉篡逆的卫君没有成功，自身却在卫国东门被剁成肉酱，你使子路遭受剁成肉酱的

子教子路菹此患，上无以为身，下无以为人，使子教之不至也。子自谓才士圣人邪？则再逐于鲁，削迹于卫，穷于齐，围于陈、蔡，不容身于天下。子之道岂足贵邪？

"世之所高，莫若黄帝，黄帝尚不能全德，而战涿鹿之野，流血百里。尧不慈，舜不孝，禹偏枯，汤放其主，武王伐纣，文王拘羑（yǒu）里。此六子者，世之所高也，孰论之，皆以利惑其真而强反其情性，其行乃甚可羞也。

祸患，上不得保身，下不足为人，都是因为你那套说教不成功。你自称为才士圣人吗？可是你两次被鲁国驱逐出境，在卫国被禁止居留，在齐国没有出路，在陈、蔡被围困，到处都没有容身之地。你的那套主张哪里有什么可贵之处呢？

"世上所推崇的，莫过于黄帝，黄帝尚且不能德行完备，而战于涿鹿的郊野，导致血流百里。尧不慈爱，舜不孝顺，禹半身不遂，汤流放他的君主，武王攻伐纣王，文王被关押在羑里。这六个人都是世人所推崇的，但仔细看来，他们都因追求功利迷失本真，勉强自己违反情性，他们的行为是非常可耻的。

庄子

"世之所谓贤士，伯夷、叔齐。伯夷、叔齐辞孤竹之君而饿死于首阳之山，骨肉不葬。鲍焦饰行非世，抱木而死。申徒狄谏而不听，负石自投于河，为鱼鳖所食。介子推至忠也，自割其股以食文公，文公后背之，子推怒而去，抱木而燔死。尾生与女子期于梁下，女子不来，水至不去，抱梁柱而死。此六子者，无异于磔犬流豕操瓢而乞者，皆离名轻死，不念本养寿命者也。

"世之所谓忠臣者，莫若王子比干、

"世上所谓的贤士，莫过于伯夷、叔齐。伯夷、叔齐辞让孤竹国的君位而饿死在首阳山上，尸体都没有埋葬。鲍焦矫饰行为，非议俗世，竟然抱着树木死去。申徒狄诤谏而不被接纳，背石自投入河，为鱼鳖所食。介子推最忠心，割下自己腿上的肉给晋文公吃，文公后来背弃了他，他愤怒离去，抱着树木被烧死。尾生和一个女子约在桥下见面，女子没来，洪水来了他却不走，抱着桥梁而死。这六个人，无异于被屠的狗、沉河的猪、持瓢的乞丐，都是重于名而轻于死、不珍惜生命的人。

"世上所谓的忠臣，莫过于王子比干和伍子胥。伍子胥沉尸

伍子胥。子胥沉江，比干剖心，此二子者，世谓忠臣也，然卒为天下笑。自上观之，至于子胥、比干，皆不足贵也。

"丘之所以说我者，若告我以鬼事，则我不能知也；若告我以人事者，不过此矣，皆吾所闻知也。

"今吾告子以人之情，目欲视色，耳欲听声，口欲察味，志气欲盈。人上寿百岁，中寿八十，下寿六十，除病瘐（yǔ）死丧忧患，其中开口而笑者，一月之中不过四五日而已矣。天与地无穷，人死者有

江中，比干剖心而死，这两个世上所称的忠臣，却最终被天下人讥笑。从以上情况来看，直到伍子胥、比干之流，都不足为贵。

"你孔丘用来说服我的，如果告诉我怪诞离奇的事，那么我还不知道；如果告诉我关于人的事，不过如此罢了，都是我已经听过的。

"现在让我来告诉你人之常情，眼睛想要看颜色，耳朵想要听声音，嘴巴想要尝味道，心志想得到满足。人生在世，高寿是一百岁，中寿是八十岁，短寿是六十岁，除了遭受疾病、死丧、忧患的岁月，其他开口欢笑的时光，一个月之中不过四五天而已。天地的存在是无穷尽的，人的死亡却是有时限的，以有限

时，操有时之具而托于无穷之间，忽然无异骐骥之驰过隙也。不能说其志意，养其寿命者，皆非通道者也。

"丘之所言，皆吾之所弃也，亟去走归，无复言之！子之道，狂狂汲汲，诈巧虚伪事也，非可以全真也，奚足论哉！"

孔子再拜趋走，出门上车，执辔三失，目芒然无见，色若死灰，据轼低头，不能出气。归到鲁东门外，适遇柳下季。柳下季曰："今者阙然数日不见，车马有行色，得微往见

的生命而寄托在无穷尽的天地之间，短暂得和快马迅速闪过空隙一般。凡是不能够畅适自己的意志，保养自己的寿命的人，都不是通达道理的人。

"你孔丘所说的，都是我要抛弃的，赶快离开跑回去吧，不要再说了！你的这套道理，钻营求取，都是巧诈虚伪的东西，无法用来保全真性，有什么值得讨论的呢？"

孔子拜了又拜，快步离去，出门上了车，缰绳不觉从手中掉落了三次，眼神茫然不能视物，面如死灰，低垂着头靠在车前的横木上，沮丧地无法大口喘气。回到鲁国东门外，孔丘正好遇到柳下季。柳下季说："最近好几天没有见面，看你的车马有刚从外面回来的样子，是不是去见跖

跖邪?"孔子仰天而叹曰:"然。"柳下季曰:"跖得无逆汝意若前乎?"孔子曰:"然。丘所谓无病而自灸也,疾走料虎头、编虎须,几不免虎口哉!"

……

了呢?"孔子仰天叹息说:"是的。"柳下季说:"跖是不是像我以前所说的那样违逆了你的心意呢?"孔子说:"是的。我真是没有病却给自己针灸,莽撞地去撩拨虎头、捋虎须,几乎不免被虎口吞掉啊!"

……

说剑第三十

昔赵文王喜剑,剑士夹门而客三千余人,日夜相击于前,死伤者岁百余人。好之不厌。如是三年,国衰。诸侯谋之。太子悝患之,募左右曰:"孰能说王之意止剑士者,赐之千金。"左右曰:"庄子

当年赵文王喜好剑术,剑客们蜂拥而至,门下食客达三千余人。他们日夜在文王面前比试剑术,死伤者每年都有百余人。但即便如此,文王喜好击剑的热情也从来不曾停止过。就这样三年过去了,国力日衰,其他诸侯国都在谋算怎样攻打赵国。太子悝对此十分担忧,召来左右近侍说:"谁能够说服大王停止比剑,

当能。"

太子乃使人以千金奉庄子。庄子弗受，与使者俱往，见太子曰："太子何以教周，赐周千金？"太子曰："闻夫子明圣，谨奉千金，以币从者。夫子弗受，悝尚何敢言！"庄子曰："闻太子所欲用周者，欲绝王之喜好也。使臣上说大王，而逆王意，下不当太子，则身刑而死，周尚安所事金乎？使臣上说大王，下当太子，赵国何求而不得也！"太子曰："然。吾王所见，唯剑士

我赠他千金。"左右近侍说："庄子能担当此任。"

太子于是派人携带千金厚礼赠送庄子。庄子不接受，跟随使者一道前往会见太子，说："太子有什么指教，赐我千金厚礼？"太子说："听说先生通达圣明，谨奉千金，让先生用以犒赏随从。先生不愿接受，我就不敢再多言了！"庄子说："听说太子想用我去说服大王断绝对剑术的嗜好。假如我说服大王，却违拗了他的心意，对下冒犯了太子的心意，那就无论如何都得获刑受死，还要这千金有什么用呢？假如我能说服大王，对下能称心于太子，那么在赵国又有什么得不到的啊！"太子说："也是。可如今我父王乐意接见的，只有剑士。"庄子说："好，我也是擅于用剑的。"太子说："不过父王所

也。"庄子曰:"诺。周善为剑。"太子曰:"然吾王所见剑士,皆蓬头,突鬓,垂冠,曼胡之缨,短后之衣,瞋目而语难,王乃说之。今夫子必儒服而见王,事必大逆。"庄子曰:"请治剑服。"治剑服三日,乃见太子。太子乃与见王。王脱白刃待之。

庄子入殿门不趋,见王不拜。王曰:"子欲何以教寡人,使太子先。"曰:"臣闻大王喜剑,故以剑见王。"王曰:"子之剑何能禁制?"曰:"臣之剑十步一

见的剑客,皆头发蓬乱,鬓毛突出,帽沿低垂,帽缨粗壮,衣服紧身,圆睁大眼,气喘语塞,大王更喜欢见到这样打扮的人。如今先生一定要穿儒服见父王的话,事情定糟。"庄子说:"那请让我准备剑士的服装。"三天后,剑士服装裁制完毕,庄子于是面见太子。太子又跟庄子一道拜见赵王。赵王则亮出利刃等待着庄子。

庄子不紧不慢进入殿内,见到赵王并未跪拜。赵王说:"你想怎样教导寡人,还让太子先作引荐。"庄子说:"我听说大王喜好剑术,所以特地带剑术来参见大王。"赵王说:"你的剑术怎样能遏阻敌手、战胜对方呢?"庄子说:"我的剑术,十步之内可

人，千里不留行。"王大悦之，曰："天下无敌矣。"

庄子曰："夫为剑者，示之以虚，开之以利，后之以发，先之以至。愿得试之。"王曰："夫子休就舍，待命，令设戏请夫子。"王乃校剑士七日，死伤者六十余人，得五六人，使奉剑于殿下，乃召庄子。王曰："今日试使士敦剑。"庄子曰："望之久矣！"王曰："夫子所御杖，长短何如？"曰："臣之所奉皆可。然臣有三剑，唯王所用。请先言而后试。"

杀一人，千里之途无人敢挡。"赵王听了大喜，说："终于找到天下无敌的剑士了！"

庄子说："剑术的秘诀在于，先有意将弱点暴露给对手，再寻找可乘之机予以利诱，然后适时发起攻击，抢先击中对手。希望有机会比试比试。"赵王说："先生暂回馆舍休息，等待通知，我将安排好比武盛会再请先生。"赵王于是安排剑士们比武较量了七天，死伤六十多人，终于选到高手五六人，让他们持剑候于殿堂之下，这才召见庄子。赵王说："今天可让剑士们跟先生比试了。"庄子说："我已经盼望很久了。"赵王说："先生所用宝剑，长短怎么样？"庄子说："我的剑，长短都无所谓。不过我倒有三种剑，任凭大王选用，请让我先做些说明，然后再比试。"

庄子

王曰:"愿闻三剑。"

曰:"有天子剑,有诸侯剑,有庶人剑。"

王曰:"天子之剑何如?"

曰:"天子之剑,以燕谿石城为锋,齐岱为锷,晋魏为脊,周宋为镡,韩魏为夹,包以四夷,裹以四时,绕以渤海,带以常山,制以五行,论以刑德,开以阴阳,持以春夏,行以秋冬。此剑,直之无前,举之无上,案之无下,运之无旁。上决浮云,下绝地纪。此剑一用,匡诸侯,

赵王说:"很乐意听听你的三种剑。"

庄子说:"有天子之剑,有诸侯之剑,有庶人之剑。"

赵王说:"天子之剑怎么样?"

庄子说:"天子之剑,用燕国燕谿的石城山为剑尖,用齐国的泰山为剑刃,用晋国和卫国为剑脊,用周王畿和宋国域为剑环,用韩国和魏国为剑柄,用中原以外的四境做护包,用四季天时做外裹,用渤海来缠绕,用恒山做系带,靠五行来制胜,靠律令、道德来赏罚,遵阴阳变化以进退,循春夏时令而持握,用秋冬常道来运剑。这种剑,向前直刺一无阻挡,奋力高举无物在上,按剑向下所向披靡,挥之四方,旁若无物。剑举青天,割裂

天下服矣。此天子之剑也。"

文王芒然自失，曰："诸侯之剑何如？"

曰："诸侯之剑，以知勇士为锋，以清廉士为锷，以贤良士为脊，以忠圣士为镡，以豪桀士为夹。此剑，直之亦无前，举之亦无上，案之亦无下，运之亦无旁。上法圆天，以顺三光；下法方地，以顺四时；中和民意，以安四乡。此剑一用，如雷霆之震也，四封之内，无不宾服而听从君命者矣。此诸侯之剑也。"

浮云，向下斩断大地之基。这种剑，一旦使用，可以匡正诸侯，臣服天下。这就是天子之剑。"

文王听了茫然若失，说："诸侯之剑又怎样？"

庄子说："诸侯之剑，用智勇之士做剑尖，用清廉之士做剑刃，用贤良之士做剑脊，用忠圣之士做剑环，用豪杰之士做剑柄。这种剑，向前直刺也一无阻挡，高高举起也无物在上，按剑向下也所向披靡，挥动起来也旁若无物。对上效法于天而顺应日月星辰，对下取法于地而顺应四时节序，居中则和顺民意，安定四方。这种剑，一旦使用，宛如雷霆震撼，四境之内，没有不臣服而听从君主号令的。这就是诸侯之剑。"

王曰:"庶人之剑何如?"

曰:"庶人之剑,蓬头突鬓,垂冠,曼胡之缨,短后之衣,瞋目而语难,相击于前,上斩颈领,下决肝肺。此庶人之剑,无异于斗鸡,一旦命已绝矣,无所用于国事。今大王有天子之位而好庶人之剑,臣窃为大王薄之。"

王乃牵而上殿,宰人上食,王三环之。庄子曰:"大王安坐定气,剑事已毕奏矣!"于是文王不出宫三月,剑士皆服毙其处也。

赵王说:"那么庶人之剑呢?"

庄子说:"庶人之剑,蓬头垢面,鬓毛突出,帽沿低垂,帽缨粗壮,衣服紧身,圆眼大睁,气喘语塞。他们相互直面搏击,上斩脖颈,下剖肝肺。这就是庶人之剑,跟斗鸡没什么不同,一旦因互斗命尽气绝,对国事毫无裨益。如今大王坐拥天子之位,却迷恋庶人之剑,我私下替大王不屑这种剑法。"

赵文王于是牵着庄子来到殿上,厨师献上菜肴,赵王围座席连绕三圈不曾停下。庄子说:"请大王安坐静气,有关剑术之事,我已启奏完毕。"于是,赵文王三月不出宫门,剑士们都在自己的居所羞愤自尽了。

渔父第三十一

孔子游乎缁帷之林，休坐乎杏坛之上。弟子读书，孔子弦歌鼓琴。奏曲未半，有渔父者，下船而来，须眉交白，被发揄袂，行原以上，距陆而止，左手据膝，右手持颐以听。曲终而招子贡、子路

孔子行游来到一片叫作缁帷的树林，坐在长有杏树的高台上休息。弟子们在一旁读书，孔子弹琴吟唱。曲子还未奏至一半，有个捕鱼的老人下船而来，其胡须眉毛皆白，披着头发，挥着衣袖，沿河岸而来，停到一处平缓的陆地，左手抱膝，右手托腮，开始听孔子弹琴吟唱。曲终，渔父抬手召唤子贡、子路过

庄子

二人俱对。

客指孔子曰:"彼何为者也?"子路对曰:"鲁之君子也。"客问其族。子路对曰:"族孔氏。"客曰:"孔氏者何治也?"子路未应,子贡对曰:"孔氏者,性服忠信,身行仁义,饰礼乐,选人伦。上以忠于世主,下以化于齐民,将以利天下。此孔氏之所以治也。"又问曰:"有土之君与?"子贡曰:"非也。""侯王之佐与?"子贡曰:"非也。"客乃笑而还行,言曰:"仁则仁矣,恐不免其

来答话。

渔父指着孔子问:"他是干什么的?"子路回答说:"他是鲁国的君子。"渔父问孔子的姓氏。子路回答:"姓孔。"渔父说:"孔氏擅长做何事?"子路还未作答,子贡说:"孔氏这个人,思想上敬奉忠信,亲身实践仁义,修治礼乐纲常,规范人伦次序。其对上可谓竭尽忠信于国君,对下可谓教化于百姓,立志以此造福于天下。这就是孔氏倾心的事业。"渔父又问:"他是封疆据土的君主吗?"子贡说:"不是。"渔父接着问道:"是王侯的辅臣吗?"子贡说:"也不是。"渔父于是笑着转身而去,边走边说道:"此人说他仁义也确是仁义啊,不过恐怕最终会引祸上身。他折磨心性,劳累肉身,容易危害本然天性。唉,他

身。苦心劳形，以危其真。呜呼！远哉，其分于道也。"

子贡还，报孔子。孔子推琴而起，曰："其圣人与？"乃下求之。至于泽畔，方将杖拏而引其船，顾见孔子，还乡而立。孔子反走，再拜而进。

客曰："子将何求？"孔子曰："曩者先生有绪言而去，丘不肖，未知所谓，窃待于下风，幸闻咳唾之音，以卒相丘也。"客曰："嘻！甚矣，子之好学也！"孔子再拜而起，曰："丘少而修学，以至

离大道越来越远了！"

子贡回来后，把跟渔父的谈话报告给孔子。孔子推开琴，起身说："这难道不是位圣人吗？"于是急忙走下杏坛寻找渔父。来到湖泽岸边，渔父正操桨撑船，回头看见孔子，便转过身来面对孔子站定。孔子连退几步，再行礼上前。

渔父说："你找我有什么事吗？"孔子说："刚才先生话未说尽而去，我愚钝不敏，难以领受其中深意，所以擅自在这里等候先生，希望能有幸听到先生只言片语，以助我长进！"渔父说："咦，你真是谦虚好学啊！"孔子再次行礼后起身说："我年纪很小开始修习学问，到今天已经六十九岁了，仍然没有获知最终

于今，六十九岁矣，无所得闻至教，敢不虚心！"

客曰："同类相从，同声相应，固天之理也。吾请释吾之所有而经子之所以。子之所以者，人事也。天子、诸侯、大夫、庶人，此四者自正，治之美也；四者离位，而乱莫大焉。官治其职，人忧其事，乃无所陵。故田荒室露，衣食不足，征赋不属，妻妾不和，长少无序，庶人之忧也；能不胜任，官事不治，行不清白，群下荒怠，功美不有，爵禄不持，

极的真理，怎么敢不虚心请教！"

渔父说："同类的事物相互追随，同样的声音相互应和，这本是自然之理。那就请让我说说我的看法，顺便分析你所从事的事业吧。你所从事的活动，都是凡尘俗务。天子、诸侯、大夫、庶民，这四种人只有各自摆正自己的位置，社会治理才能达到美好境界；倘若四者都偏离了自己原本的位置，产生的社会动荡再也没有比这更可怕了。官吏行使好各自的职权，人民只思虑各自的俗事，这就不会出现混乱和侵扰。所以，田地荒芜，居室破漏，衣衫不整，食物不足，赋税难缴，妻妾不睦，老少无序，尊卑不明，这是普通百姓该忧虑的；能力不能胜任职守，本职不

大夫之忧也；廷无忠臣，国家昏乱，工技不巧，贡职不美，春秋后伦，不顺天子，诸侯之忧也；阴阳不和，寒暑不时，以伤庶物，诸侯暴乱，擅相攘伐，以残民人，礼乐不节，财用穷匮，人伦不饬，百姓淫乱，天下有司之忧也。今子既上无君侯有司之势，而下无大臣职事之官，而擅饰礼乐，选人伦，以化齐民，不泰多事乎？

"且人有八疵，事有四患，不可不察

能做好办好，行为不清廉刚正，属下总玩忽怠惰，功名不实至名归，爵位俸禄不稳定持久，这是大夫该忧虑的；朝廷没有忠臣，国家治理混乱，工艺技术不精，敬献的贡品不好，朝觐欠妥，四季失序，不能顺和天子心意，这是诸侯该忧虑的；阴阳不能和谐，寒暑交替不合时令，以致伤害万物生长，诸侯暴动离乱，随意侵扰征战，以致残害庶民百姓，礼乐不合节度，财物穷尽匮乏，人伦关系未能整顿，百姓失节淫乱，这是天子和官吏该忧虑的。如今你上无君侯和主官的地位，下无权臣经办的官职，却擅自修治礼乐纲常，规范人伦次序，以图教化百姓，岂不是太多事了？

"而且人有八种劣根，事有四种祸患，不可不清醒明察。不

也。非其事而事之，谓之摠；莫之顾而进之，谓之佞；希意道言，谓之谄；不择是非而言，谓之谀；好言人之恶，谓之谗；析交离亲，谓之贼；称誉诈伪以败恶人，谓之慝（tè）；不择善否，两容颊适，偷拔其所欲，谓之险。此八疵者，外以乱人，内以伤身，君子不友，明君不臣。所谓四患者：好经大事，变更易常，以挂功名，谓之叨；专知擅事，侵人自用，谓之贪；见过不更，闻谏愈甚，谓之很；人同于己则可，不同于

是自己职分内的事却越权去做，叫作滥；没人响应而执拗冥顽，叫作佞；蓄意迎合，顺引话意，叫作谄；不辨是非，巴结奉承，叫作谀；背地之中说人坏话，叫作谗；离间故交，挑拨亲友，叫作害；沽名钓誉，败坏他人，叫作慝；不分善恶，两面三刀，暗暗攫取私利，叫作险。有这八种劣根的人，对外会迷乱他人，对内会伤害自身，因此有德行的人不会和他们交往，圣明君主不以他们为臣。而四患是指：喜欢操心国家大事，擅变常规常态，用以钓取功名，这叫贪功；喜欢独断专行，刚愎自用，损人利己，这叫极欲；常常知过不改，文过饰非，不进忠言，这叫顽犟；顺己之意就认可，逆己之意，即便好的也认为不好，这叫矜夸。这就是所谓四患。只有清除八种劣

己，虽善不善，谓之矜。此四患也。能去八疵，无行四患，而始可教已。"

孔子愀然而叹，再拜而起，曰："丘再逐于鲁，削迹于卫，伐树于宋，围于陈、蔡。丘不知所失，而离此四谤者，何也？"客凄然变容曰："甚矣，子之难悟也！人有畏影恶迹而去之走者，举足愈数而迹愈多，走愈疾而影不离身，自以为尚迟，疾走不休，绝力而死。不知处阴以休影，处静以息迹，愚亦甚矣！子审仁义之间，察同异之际，

根，摈弃四种祸患，这才可以推行教化。"

孔子悲然长叹一声，再次行礼后起身说："我在鲁国两次受到冷遇，在卫国被抹杀掉所有足迹，在宋国遭受砍掉坐荫之树的羞辱，又被围困在陈国、蔡国。真不知道我有什么过失，竟遭到四次这样的诋毁呢？"渔父悲悯地动容说道："是啊，你确实不易醒悟啊！有人害怕自己的影子，厌恶自己的足迹，总想逃避躲开，结果举步越频繁，足迹越多，跑得越快，影子越近，却还总以为是自己跑慢了，于是加速奔跑，往复不休，终于力竭而死。不懂得选择暗处，影子自然消失，静止不动，足迹将不复存在，这也实在是蠢到家了！你就

观动静之变，适受与之度，理好恶之情，和喜怒之节，而几于不免矣。谨修而身，慎守其真，还以物与人，则无所累矣。今不修之身而求之人，不亦外乎！"

孔子愀然曰："请问何谓真？"客曰："真者，精诚之至也。不精不诚，不能动人。故强哭者，虽悲不哀；强怒者，虽严不威；强亲者，虽笑不和。真悲无声而哀，真怒未发而威，真亲未笑而和。真在内者，神动于外，是所以贵真也。

算深谙仁义之理，明辨事物同异，悉察动静变化，尽掌取舍分寸，疏通好恶情感，拿捏喜怒节度，却几乎仍然不能免于灾祸。所以倒不如认真修养身心，谨慎保持本真，将身外之物还与他人，也就再无拘系和牵累了。如今你不先修习自身，反而要求他人，这不是本末颠倒吗？"

孔子惭愧地问："那请问什么叫作真？"渔父回答："所谓真，就是精诚的最高境界。不精纯，不诚恳，就不能说服人。所以，装哭的人虽然表面悲痛，其实并不哀伤；装怒的人虽然外表愤怒，其实并不威严；假装亲热的人虽然笑容满面，其实并不真心。真正的悲痛即便不哭也哀伤难掩，真正的愤怒即便未发也威严自现，真正的亲密即便不笑也温暖和善。自然的真性存于内

其用于人理也，事亲则慈孝，事君则忠贞，饮酒则欢乐，处丧则悲哀。忠贞以功为主，饮酒以乐为主，处丧以哀为主，事亲以适为主。功成之美，无一其迹矣；事亲以适，不论所以矣；饮酒以乐，不选其具矣；处丧以哀，无问其礼矣。礼者，世俗之所为也；真者，所以受于天也，自然不可易也。故圣人法天贵真，不拘于俗。愚者反此。不能法天而恤于人，不知贵真，禄禄而受变于俗，故不足。惜哉，子之早湛于人伪，而

心，神情总会流露于外，这就是要重视真情本性的原因。将上述道理用于人伦关系中，侍奉双亲就会慈善孝顺，辅助国君就会忠贞不渝，饮酒就会舒心快意，居丧就会悲痛庄重。忠贞要以建功立业为主，饮酒要以欢乐祥和为主，居丧要以致哀祭悼为主，孝亲要以舒心适意为主。功成名就的美好，没有统一的轨迹路径可以到达；侍奉双亲只要适意，不必讲究使用什么方法；饮酒只要达到欢乐，不必挑剔器具；居丧只要真挚哀伤，不必计较规范礼仪。礼仪，世俗之人设计出来的而已；纯真，却一定是禀受于自然，自然而然，不可改变。所以圣人总是效法自然，看重本真，不受世俗的拘系。愚昧的人则恰恰相反。他们不能取法自然体恤他人，不知珍惜真情本性，庸庸

晚闻大道也!"

孔子又再拜而起曰:"今者丘得遇也,若天幸然。先生不羞而比之服役,而身教之。敢问舍所在,请因受业而卒学大道。"客曰:"吾闻之,可与往者,与之至于妙道;不可与往者,不知其道。慎勿与之,身乃无咎。子勉之,吾去子矣,吾去子矣!"乃刺船而去,延缘苇间。

颜渊还车,子路授绥,孔子不顾,待

碌碌地在流俗中变化,所以永远难以感到满足。可惜啊,你早就沉溺于世俗虚幻之中,听闻大道太晚了。"

孔子又一次深深行礼后起身说:"如今我孔丘有幸遇上先生,宛若苍天眷顾于我。先生不以为羞辱,还把我当作弟子一样亲自教导。冒昧打听先生的住处,请允许我受业于门下而最终学完大道。"渔父:"我听说,迷途知返的人,可以帮助他直至领悟玄妙大道;不能迷途知返的人,则不会真正懂得大道。因此只有谨慎小心地不与他们结交,自身才不会招来灾祸。你多多自勉吧!我得离你而去了!我得离你而去了!"于是撑船而去,缓缓地消失在芦苇丛中。

颜渊掉转车头,子路递上登车时助力的绳索,孔子却看

水波定,不闻桨音,而后敢乘。

子路旁车而问曰:"由得为役久矣,未尝见夫子遇人如此其威也。万乘之主,千乘之君,见夫子未尝不分庭伉礼,夫子犹有倨傲之容。今渔者杖拏逆立,而夫子曲要磬折,言拜而应,得无太甚乎?门人皆怪夫子矣,渔人何以得此乎?"孔子伏轼而叹,曰:"甚矣,由之难化也!湛于礼义有间矣,而朴鄙之心至今未去。进,吾语汝!夫遇

也不看,直到渔父离去的水波平定,再也听不到桨声,方敢登上车子。

子路站在车边问道:"我作为弟子为先生服务很久了,从未看见先生对人如此谦恭尊敬。大国的诸侯,小国的国君,见到先生都未尝不是平等相待,先生还免不了流露傲慢神情。如今渔父手执船桨对面而站,先生却像石磬般折腰鞠躬,听其说完后又一再行礼方作回答,是不是太过分了?弟子们都认为先生的态度有些过了,一个渔夫凭什么获得如此厚爱呢?"孔子伏身在车前的横木上叹息说:"唉,你真是难教化啊!你耳濡目染礼义之道已经有些时日,可粗鄙低俗之心时至今日都未能除去。上前来,我告诉你!大凡遇到长辈而不恭敬,是失礼;遇到贤人而不尊

长不敬，失礼也；见贤不尊，不仁也。彼非至人，不能下人。下人不精，不得其真，故长伤身。惜哉！不仁之于人也，祸莫大焉，而由独擅之。且道者，万物之所由也。庶物失之者死，得之者生。为事逆之则败，顺之则成。故道之所在，圣人尊之。今渔父之道，可谓有矣，吾敢不敬乎！"

重，是不仁。他倘若不是一个道德修为臻于完善的人，也就不会使人自感谦卑低下。对人谦恭卑下却不至精至诚，定然不能保持本真，所以日久必伤身体。真是可惜啊！不能见贤思齐对于人们来说，真是祸害太大了，而你子路却偏偏就有这一毛病。况且大道，是万物产生的根源。任何事物失去了道都会死亡，获得了道都会生存。做事逆道而行一定失败，顺道而行一定成功。所以大道所存的地方，圣人都会尊崇。如今渔父阐述的大道，可以说至理精深啊，我怎么敢不尊敬他呢？"

列御寇第三十二

……

宋人有曹商者,为宋王使秦。其往也,得车数乘。王说之,益车百乘。反于宋,见庄子,曰:"夫处穷闾厄巷,困窘织屦,槁项黄馘(guó)者,商之所短也;一悟万乘之主,

……

宋国有个叫曹商的人,为宋王出使秦国。出发之前,他获得宋王赠予的数辆车子;秦王见他之后也很高兴,又加赐车辆一百乘。曹商回到宋国,见了庄子说:"某些人,偏居穷街窄巷,潦倒到编织草鞋度日,脖颈干瘪,面黄肌瘦,这真是我做不到的呀;一下子帮助了大国国君

而从车百乘者，商之所长也。"庄子曰："秦王有病召医，破痈溃痤者得车一乘，舐痔者得车五乘，所治愈下，得车愈多。子岂治其痔邪？何得车之多也？子行矣！"

……

孔子曰："凡人心险于山川，难于知天。天犹有春秋冬夏旦暮之期，人者厚貌深情。故有貌愿而益，有长若不肖，有顺懁（xuān）而达，有坚而缦，有缓而

省悟，从而获得一百乘车的随从，这倒是我的特长啊。"庄子说："听说秦王有病召请医士诊治时，能破出脓疮疖子的人可获车辆一乘，愿舔治痔疮恶疾的人可获车辆五乘，所疗治的病症越是卑污，获得的车辆越多。你难道给秦王舔过痔疮吗，不然为何获得的车辆如此之多？你快走开吧！"

……

孔子说："人心比山川还要险恶，知人心比预测天象变化还要困难。天象尚有春夏秋冬和早晚变化的一定之规，可是人却面容复杂，情性深埋。有的人貌似拘谨，却内心骄溢，有的人貌似长者，却心术不正，有的人貌似急躁，却内心通达，有的人貌

钎（hàn）。故其就义若渴者，其去义若热。故君子远使之而观其忠，近使之而观其敬，烦使之而观其能，卒然问焉而观其知，急与之期而观其信，委之以财而观其仁，告之以危而观其节，醉之以酒而观其侧，杂之以处而观其色。九征至，不肖人得矣。"

正考父一命而伛，再命而偻，三命而俯，循墙而走，孰

似坚强，却内心涣散，有的人貌似平静，却内心急躁。所以，那些趋赴仁义很是急迫犹如口干思饮的人，当他们抛弃仁义时也就越是急速，犹如去热避焰。因此考察君子定要让他到远处任职而观察他是否忠诚，让他就近处办事而观察他是否恭敬，让他多处理纷杂乱事而观察他的能力，每每突然提问而观察他的才智，多交办期限紧迫的任务而观察他的信用，把财物托付给他而观察他的清廉，把危难告诉给他而观察他的操守，令他醉酒而观察他的仪态，使其男女杂处而观察他是否好色。上述九种表现一一得以证验，不好的人也就自然显露出来了。"

正考父被任命为士后，逢人便躬背曲身，被任命为大夫后，则深弯其腰，被任命为卿后更是

敢不轨！如而夫者，一命而吕巨，再命而于车上儛，三命而名诸父，孰协唐、许！

贼莫大乎德有心而心有睫，及其有睫也而内视，内视而败矣！凶德有五，中德为首。何谓中德？中德也者，有以自好也，而吡（pī）其所不为者也。

穷有八极，达有三必，形有六府。美、髯、长、大、壮、丽、

谦恭地俯倒身子，每每让开大道顺墙根疾走，态度如此谦下，谁还敢做不轨之事欺侮他！而一般凡夫俗子，任命为士就会傲慢自大，任命为大夫就会在车上指手画脚，任命为卿后，就会要人对其呼叔称伯了，如此一来谁还能像唐尧、许由那样成为崇让的人呢？

最大的祸害莫过于虽有德行却心非自然，心非自然就容易审视多端，主观臆断，而主观臆断必定导致失败。招惹凶祸的官能有心、耳、眼、舌、鼻五种，而内心之祸是祸害之首。什么是内心之祸呢？所谓内心之祸，是指总以个人主观认识为标准而诋毁自己所不赞同的事。

困厄窘迫表现在八方面的不足，顺利通达基于三方面的必须，恰似人身必须具备六个

勇、敢,八者俱过人也,因以是穷;缘循、偃佒(yǎng)、困畏,不若人,三者俱通达;知慧外通,勇动多怨,仁义多责。达生之情者傀,达于知者肖,达大命者随,达小命者遭。

脏腑一样。貌美、须长、身高、体大、健壮、艳丽、勇武、果敢,这八项长处都远胜他人,于是依恃傲人,必然导致困厄;因循顺应、俯仰随人、怯弱畏惧而自认技不如人,这三种情况反倒能遇事通达。自恃聪明必炫耀于外,勇猛躁动必怨恨重重,倡导仁义必受诸多责难。通晓生命真理的人心胸开阔,自作聪明的人虚无渺小,通晓天道的人顺遂自然,明白人寿短暂的人随遇而安。

人有见宋王者,锡车十乘。以其十乘骄稚庄子。庄子曰:"河上有家贫恃苇萧而食者,其子没于渊,得千金之珠。其父谓

有人拜会宋王后获得了十乘车的封赏,这人借此在庄子面前炫耀。庄子说:"河边有户贫苦人家,靠编织苇席为生,他的儿子潜入深渊之中,得到一枚价值千金的宝珠。父亲对儿子说:

其子曰：'取石来锻之！夫千金之珠，必在九重之渊而骊龙颔下。子能得珠者，必遭其睡也。使骊龙而寤，子尚奚微之有哉！'今宋国之深，非直九重之渊也；宋王之猛，非直骊龙也。子能得车者，必遭其睡也。使宋王而寤，子为齑粉夫。"

或聘于庄子，庄子应其使曰："子见乎牺牛乎？衣以文绣，食以刍叔。及其牵而入大庙，虽欲为孤犊，其可得乎？"

'拿石头过来砸了它！价值千金的宝珠，必定出自深潭之底的黑龙颔下。你能轻易获得这样的宝珠，一定是赶上黑龙睡着了。倘若黑龙醒来，你还能活着回来吗！'如今宋国情势之险恶，远非深深潭底可比；而宋王之暴戾，也远不只像黑龙。你能获得这些车马，一定也是遇上宋王睡着了。倘若宋王一旦醒过来，你也可能粉身碎骨了。"

有人聘任庄子，庄子答复他的使者说："你见过准备用作祭祀的牛牲吗？它身上披着织有花纹的锦绣，吃的是草料和豆子。等到被人牵入太庙杀掉，用来祭祀。就算它想做一头没人看顾的小牛，难道还有可能吗？"

庄子将死，弟子欲厚葬之。庄子曰："吾以天地为棺椁，以日月为连璧，星辰为珠玑，万物为赍送。吾葬具岂不备邪？何以加此！"

弟子曰："吾恐乌鸢之食夫子也。"

庄子曰："在上为乌鸢食，在下为蝼蚁食，夺彼与此，何其偏也！"

以不平平，其平也不平；以不征征，其征也不征。明者唯为之使，神者征之。夫明之不胜神也久矣，而愚者恃其所见入于人，其功外也，

庄子快要死了，弟子们打算厚葬。庄子说："我把天地当作棺椁，把日月当作双璧，把星辰当作珠玑，万物都可以成为我的陪葬。我的陪葬之物难道还不够齐全吗？何必多此一举！"

弟子说："我们是担心乌鸦和老鹰啄食先生的遗体。"

庄子说："在地上会被乌鸦和老鹰吃，在地下会被蚂蚁和蝼蛄吃，夺过乌鸦、老鹰的吃食再交给蚂蚁、蝼蛄，多么偏心啊！"

用不公平去追求均平，这样的均平不是均平；用人为主观的感应去征验外物，这样的结果不是真正的验证。自以为明智的人只会被外物所驱使，精神世界超然物外的人才会自然获得验证。自以为明智的人远远比不上精神

庄子

不亦悲乎！ | 世界超然物外的人，可愚昧的人还总是自恃偏见沉溺于世俗人事，他们的精力只在于追求身外之物，真是很可悲呀！

天下第三十三

天下之治方术者多矣,皆以其有为不可加矣!古之所谓道术者,果恶乎在?曰:"无乎不在。"曰:"神何由降?明何由出?""圣有所生,王有所成,皆原于一。"

不离于宗,谓之

天下研究方术的人很多,都认为自己的成果达到了极致。那么古代所谓的道术,究竟在哪里呢?回答是:"无所不在。"问:"圣人由何而降?明王从何而生?"回答是:"圣人自有其由来,明王自有其成因,都渊源于大道。"

不背离自然大道的人,称

天人；不离于精，谓之神人；不离于真，谓之至人。以天为宗，以德为本，以道为门，兆于变化，谓之圣人；以仁为恩，以义为理，以礼为行，以乐为和，薰然慈仁，谓之君子；以法为分，以名为表，以参为验，以稽为决，其数一二三四是也，百官以此相齿；以事为常，以衣食为主，蕃息畜藏，老弱孤寡为意，皆有以养，民之理也。

古之人其备乎！配神明，醇天地，育万物，和天下，泽及百姓，明于本数，系

为天人；纯粹不杂的人，称为神人；真诚不假的人，称为至人。以自然之道为主宰，以德行修为为根本，以道法方术为门径，预知变化，称为圣人；以仁爱布施恩惠，以道义作为道理，以礼仪规范行为，以音乐调和性情，温和慈爱，称为君子；依照法规明确职分，遵从名分确定标准，反复比较求得验证，凭借考核做出决定，等级之数像一二三四那样明白，百官以此为序列；百姓以耕作劳动为常务，以衣食为主旨，繁衍生息，生产储藏，关心老弱孤寡，让他们都得到扶持赡养，这是百姓生活的道理。

古代的圣人都很完备啊！他们同时具有圣人和明王的德行，取法自然，养育万物，和合天下，恩泽施于百姓，通晓天道

于末度，六通四辟，小大精粗，其运无乎不在。其明而在数度者，旧法、世传之史尚多有之；其在于《诗》《书》《礼》《乐》者，邹鲁之士、缙绅先生，多能明之。《诗》以道志，《书》以道事，《礼》以道行，《乐》以道和，《易》以道阴阳，《春秋》以道名分。其数散于天下而设于中国者，百家之学时或称而道之。

天下大乱，贤圣不明，道德不一。天下多得一察焉以自好。譬如耳目鼻口，皆有所明，不能

根本，重视礼法末节，六合通达而四时顺畅，无论小大精粗，其变化运用无所不在。古时的道术显明于礼法制度中的部分，很多都保存在旧的法规律令和传世史书中；记载在《诗》《书》《礼》《乐》等著作中的，邹鲁一带的学者、缙绅们大都尚能知晓。《诗经》是表达思想感情的，《尚书》是记载古之政事的，《礼》是讲述行为规范的，《乐》是讲述情绪调和的，《易经》用来阐述阴阳变化，《春秋》用来介绍名分职守。这些道术流行于天下而施行于中原的，百家之学还常常引用它。

天下大乱之时，圣贤学说便很难显明于世，道德标准也分歧多多。天下人往往会以一孔之见而自以为是。就像耳目鼻口，各有其功能，却不能互相通用；就

相通；犹百家众技也，皆有所长，时有所用。虽然，不该不遍，一曲之士也。判天地之美，析万物之理，察古人之全，寡能备于天地之美，称神明之容。是故内圣外王之道，暗而不明，郁而不发，天下之人各为其所欲焉以自为方。悲夫！百家往而不反，必不合矣！后世之学者，不幸不见天地之纯，古人之大体。道术将为天下裂。

不侈于后世，不靡于万物，不晖于数度，以绳墨自矫，而备世之急。古之道术

像百家众技，各有所长，也时有所用。虽说如此，却谁都不完备、不全面，都是只知一面的人。他们往往割裂天地之齐美，离析万物之通理，把古人完美的道德理念阐释得支离破碎，很少能兼备天地之完美，符合于圣人贤明的形容。所以，内圣外王之道晦涩不明，抑制难发，天下之人往往为了各自的打算而自为学术。可悲啊！百家学术各行其道而不知回返，因此也必定不能相合。后世的学者，很不幸的是难以见到天地的纯真和古人的完美风貌。古人的道术就要被天下人割裂掉了！

不以奢侈影响子孙，不挥霍浪费万物，不炫耀礼法的知识，用严格的规矩自我约束，以应对社会变乱时的急需。古时的道术

有在于是者，墨翟、禽滑厘闻其风而说之。为之太过，已之大循。作为非乐，命之曰节用。生不歌，死无服。墨子泛爱兼利而非斗，其道不怒。又好学而博，不异，不与先王同，毁古之礼乐。

黄帝有《咸池》，尧有《大章》，舜有《大韶》，禹有《大夏》，汤有《大濩（hù）》，文王有《辟雍》之乐，武王、周公作《武》。古之丧礼，贵贱有仪，上下有等。天子棺椁七重，诸侯五重，大夫

有这方面的内容，墨翟、禽滑厘等就很热衷这方面的风尚。但他们实践得太过分，以致有些事节制过多。他们提倡"非乐"，主张"节用"，生前不歌唱奏乐，死后不厚葬。墨子主张博爱、兼利，反对战争，他们的主张是非暴力。墨家还好学而渊博，不轻易标新立异，不随便与先王苟同，并提倡毁弃古代的礼乐制度。

黄帝时有《咸池》之乐，尧有《大章》之乐，舜有《大韶》之乐，禹有《大夏》之乐，汤有《大濩》之乐，文王有《辟雍》之乐，武王、周公作《武》乐。古代的丧礼，贵贱有严格的仪式，上下有不同的等级，天子的棺椁有七层，诸侯是五层，大夫是三层，士两层。如今墨子却独自主张生前不歌乐，死后

庄子

三重，士再重。今墨子独生不歌，死不服，桐棺三寸而无椁，以为法式。以此教人，恐不爱人；以此自行，固不爱己。未败墨子道，虽然，歌而非歌，哭而非哭，乐而非乐，是果类乎？其生也勤，其死也薄，其道大觳（què）。使人忧，使人悲，其行难为也。恐其不可以为圣人之道，反天下之心，天下不堪。墨子虽能独任，奈天下何！离于天下，其去王也远矣！

墨子称道曰："昔禹之湮洪水，决

不厚葬，只用三寸厚的桐木棺且无椁，并以此作为法度标准。用这样的主张来教导人，恐怕不是爱人之道；用这样的要求来约束自己，自然也不是爱惜自己。这么说并非是诋毁墨子的学说，然而，应该歌唱时不歌唱，应该哭泣时不哭泣，应该作乐时不作乐，这真的合乎人情吗？墨家主张人在生前要辛勤劳苦，死后要简单薄葬，这种主张太苛刻了。使人忧劳，使人悲伤，真正做起来太难了。恐怕不能够成为圣人之道，违反了天下人的心愿，天下人也就不堪忍受。墨子虽然自己可以做到，但却奈何不了天下人！背离了天下人的心愿，也就远离了王道。

墨子称道说："从前禹治理洪水，疏导江河，沟通天下四夷

江河而通四夷九州也。名川三百，支川三千，小者无数。禹亲自操橐耜，而九杂天下之川。腓无胈（bá），胫无毛，沐甚雨，栉疾风，置万国。禹，大圣也。而形劳天下也如此。"使后世之墨者，多以裘褐为衣，以跂跻（juē）为服，日夜不休，以自苦为极，曰："不能如此，非禹之道也，不足谓墨。"

相里勤之弟子，五侯之徒，南方之墨者苦获、已齿、邓陵子之属，俱诵《墨经》，而倍谲不

九州。其间浚治过山川三百，支流三千，小河无数。禹亲自持筐操铲，汇合天下河川。辛苦到大腿上没有肉，小腿上无汗毛，风里来雨里去，终于安定了国家。禹是大圣人，为了天下使自身劳苦到如此地步。"禹的事迹促使后世的墨者，多用兽皮粗布为衣，多以木屐草鞋为鞋，白天黑夜都不休息，以自苦为极乐，并说："不这样做，就不是禹之大道，就不足以称为墨者。"

后来的墨家学派传人相里勤的弟子，还有五侯的门徒们，以及南方的墨家学人苦获、已齿、邓陵子一类的人，他们都张口闭口不离《墨经》，而实际却与

同，相谓别墨。以坚白同异之辩相訾，以觭（jī）偶不仵之辞相应，以巨子为圣人。皆愿为之尸，冀得为其后世，至今不决。

墨翟、禽滑厘之意则是，其行则非也。将使后世之墨者，必自苦以腓无胈、胫无毛相进而已矣。乱之上也，治之下也。虽然，墨子真天下之好也，将求之不得也，虽枯槁不舍也，才士也夫！

不累于俗，不饰于物，不苟于人，不

墨家宗旨大相径庭，且相互指责对方不是正统墨家。他们用"坚白论""同异论"等命题相互争辩诋毁，用"奇偶论"的言辞相互批评，把本派内部推举出的领袖称作圣人。人人都渴望成为领袖，想要成为墨家学派的后继传人，争夺之声至今不绝于耳。

墨翟、禽滑厘的本意是好的，但他们的行为做法却不对。这将使得后世的墨家学者，必然自我磨砺，直到大腿无肉、小腿无毛的极端情形，以此互相竞争。这种做法乱国有余，治国不足。但尽管如此，墨子还是真心兼爱天下的，只不过是求索兼济天下之术而不得罢了，哪怕为此形容枯槁也在所不舍，真是有才之士啊！

不被流俗牵累，不用外物矫饰，不勉强苟求于人，不违逆大

忮于众，愿天下之安宁以活民命，人我之养，毕足而止，以此白心。古之道术有在于是者，宋钘、尹文闻其风而悦之。作为华山之冠以自表，接万物以别宥为始。语心之容，命之曰"心之行"。以聏（ér）合䜣（huān），以调海内，请欲置之以为主。见侮不辱，救民之斗，禁攻寝兵，救世之战。以此周行天下，上说下教。虽天下不取，强聒而不舍者也。故曰：上下见厌而强见也。

多数人意愿，希望天下太平以保全人民性命，自己和他人的生存条件都能得到保证，适可而止，这样就能心满意足，并以此表达心迹。古时的道术确实有类似内容，宋钘、尹文等人就继承了上述遗风并热衷于相关活动。他们戴着类似华山之形的帽子来表达上下均平的信念，待人接物首先会摒弃偏见。他们谈论人的思想轨迹，并称之为内心活动。他们用柔韧谦和的态度迎合人们的喜好，并借此调和天下，更竭力上请君王将这些主张作为治国的主旨。他们受到侮辱，却不以为辱，一心只想调息人们之间的争斗，禁绝攻伐，平息暴力，以拯救天下于战乱之忧为己任。用这样的学说周行天下，对上劝谏诸侯，对下教导百姓。即使天下人都不接纳，也仍絮絮不休，不舍

虽然，其为人太多，其自为太少。曰："请欲固置五升之饭足矣。"先生恐不得饱，弟子虽饥，不忘天下，日夜不休。曰："我必得活哉！"图傲乎救世之士哉！曰："君子不为苛察，不以身假物。"以为无益于天下者，明之不如已也。以禁攻寝兵为外，以情欲寡浅为内。其小大精粗，其行适至是而止。

初衷。所以说，他们是上上下下都嫌弃的人，却仍然将自己的主张强加于人。

即使这样，他们还是为别人考虑很多，替自己打算很少。只是说："只希望留给自己五升的饭食，这也就足够了！"先生师长尚恐不能吃饱，弟子更是常忍饥挨饿，即便如此也仍不忘怀天下，日夜为世人奔波不休。说："别人和我们都得生存下去啊！"真是无私高尚的救世之才啊！他们还说："君子不苛求计较，不会令自身为外物所役使。"他们认为对天下无益的事，与其申辩它，不如禁止它。他们把禁绝攻伐、平息暴力看作是主要的外在任务，把清心寡欲、抑制需求看作内在修行。然而无论从大小精粗哪方面看，他们的所作所为也就到此为止了。

公而不党，易而无私，决然无主，趣物而不两，不顾于虑，不谋于知，于物无择，与之俱往。古之道术有在于是者，彭蒙、田骈、慎到，闻其风而说之。齐万物以为首，曰："天能覆之而不能载之，地能载之而不能覆之，大道能包之而不能辩之。"知万物皆有所可，有所不可。故曰："选则不遍，教则不至，道则无遗者矣。"

是故慎到弃知去己，而缘不得已。泠汰于物，以为道

公正而不结党，平易而不营私，排除先入为主的主观定势，随物变化，一视同仁，不瞻前顾后，不谋求智巧，对于外物无所选择，随遇而安，与之一同变化。古时的道术确实有类似内容，彭蒙、田骈、慎到等人就继承了上述遗风并热衷于相关活动。他们以平等对待外物为首要，说："苍天能够覆盖万物，却不能承载万物，大地能够承载万物，却不能覆盖万物，大道能够包容万物，却不能分辨万物。"他们深知万物都有所能，也都有所不能。所以说："有所选择就必然不会周遍，有所教导就难免有所不及，这样大道才会没有遗漏。"

因此慎到主张抛弃智巧、去除己见，直接顺应事物之必然。并把听任外物变化规律作为疏

339

理。曰:"知不知,将薄知而后邻伤之者也。"謑髁(xí kē)无任,而笑天下之尚贤也;纵脱无行,而非天下之大圣;椎拍輐(wàn)断,与物宛转;舍是与非,苟可以免。不师知虑,不知前后,魏然而已矣。推而后行,曳而后往。若飘风之还,若羽之旋,若磨石之隧,全而无非,动静无过,未尝有罪。是何故?夫无知之物,无建己之患,无用知之累,动静不离于理,是以终身无誉。故曰:"至于若无知之物而已,

导一切事物的方术。他说:"强求知道某些不可知,却还不如不知,并势必再次伤害自己。"自身怠惰,不堪为任,却讥笑他人崇尚贤能;自身放纵,德不配位,却非议天下先贤圣哲;或是奋力击拍,或是巧妙削截,终不过希求婉转顺应,随外物而变化;舍弃心中是非之见,以图免于各种牵累。不依赖智巧谋虑,不探究前因后果,巍然独立而已。推一推才行进,拖一拖才后退。像飘风一样回旋,像飞羽一样飘忽,像磨石一样运转,稳妥而不受责难,动静合宜,全无过失,不曾有过祸殃。是什么原因呢?大凡没有知觉的物类,就不会有标榜自我的忧患,就不会留下绞尽心计的牵累,动静都不会背离客观事理,因此终身不会受到毁誉。所以说:"得以像没

无用圣贤,夫块不失道。"豪桀相与笑之曰:"慎到之道,非生人之行,而至死人之理,适得怪焉。"

田骈亦然,学于彭蒙,得不教焉。彭蒙之师曰:"古之道人,至于莫之是、莫之非而已矣。其风窢(xù)然,恶可而言。"常反人,不见观,而不免于魭(wǎn)断。其所谓道非道,而所言之题不免于非。彭蒙、田骈、慎到不知道。虽然,概乎皆尝有闻者也。

有知觉的东西那样就可以了,无须追求圣贤,这样即便是一方土块也不会偏离大道。"那些才华出众的人们常在一起嘲笑他说:"慎到的学说,对活人没有用,而只适用于死人,可真是怪异的主张。"

田骈也是这样,他向彭蒙学习,曾获得不言之教。彭蒙的老师说:"古时候得道的人,已经达到了无所谓是非的境界。他们的道术犹如迅急而过之风不留踪迹,又岂能用语言评说?"他们总是与常人不同,不能引起人们的重视,因而始终不免于随物变化。他们所说的道并不是真正的道,因而所说的正道也终不免于谬误。彭蒙、田骈与慎到其实都不真正懂得道。尽管如此,他们恐怕也还是曾对大道略有耳闻的人。

以本为精，以物为粗，以有积为不足，澹然独与神明居。古之道术有在于是者，关尹、老聃闻其风而悦之。建之以常无有，主之以太一，以濡弱谦下为表，以空虚不毁万物为实。

关尹曰："在己无居，形物自著。其动若水，其静若镜，其应若响。芴乎若亡，寂乎若清。同焉者和，得焉者失。未尝先人而常随人。"

老聃曰："知其雄，守其雌，为天下谿；知其白，守其

把无形无为的大道视为精髓，把有形有为的物类视为粗鄙，反将外物的积累视为不足，心境恬淡闲适，独与神明共处。古时的道术确实有类似内容，关尹、老聃等人就继承了上述遗风并热衷于相关活动。他们主张建立"常无"与"常有"的学说，并以"太一"大道为核心，以柔弱谦卑的态度为外表，以空虚宁寂、不毁伤万物的心境为实质。

关尹说："个人不存主观偏见，有形之物便自会彰显。他动如流水，静如明镜，感应外物则像空谷回声。恍恍惚惚仿佛四无一物，安安静静如同清虚空寂。相同则谐和顺达，有得则必有所失。未曾争先而常随人后。"

老聃说："了解事物刚强的一面，却持守雌柔的一面，便会成为可以汇聚天下潺潺细流的洪

辱，为天下谷。"人皆取先，己独取后。曰"受天下之垢"。人皆取实，己独取虚。无藏也，故有余，岿然而有余。其行身也，徐而不费，无为也而笑巧。人皆求福，己独曲全。曰"苟免于咎"。以深为根，以约为纪。曰"坚则毁矣，锐则挫矣"。常宽容于物，不削于人，可谓至极。

关尹、老聃乎，古之博大真人哉！

溪；了解事物显著明亮的一面，却持守污浊暗昧的一面，便会成为可以容受天下万物的山谷。"人人都争先，只有自己甘愿处后。这就是所谓"承受全天下的垢辱"。人人都求取实惠，自己却甘守虚寂。正因无心积蓄，因而反倒常显有余，甚至富足到如高山堆积。他立身行事，从容不迫，清静无为，耻笑智巧。人人都追求福禄，自己却委曲求全。所谓"只求免除灾祸"。以精深道义为根本，以简约不烦为纲纪。所谓"坚硬的容易毁坏，锐利的容易折损"。常常宽容待物，对人无所削夺，可以说是达到道的最高境界了。

关尹和老聃，真是古来最为博大的真人啊！

庄子

芴漠无形，变化无常，死与生与，天地并与，神明往与！芒乎何之？忽乎何适？万物毕罗，莫足以归。古之道术有在于是者，庄周闻其风而悦之。以谬悠之说，荒唐之言，无端崖之辞，时恣纵而不傥，不以觭见之也。以天下为沉浊，不可与庄语。以卮言为曼衍，以重言为真，以寓言为广。独与天地精神往来，而不敖倪于万物。不谴是非，以与世俗处。

其书虽瑰玮，而连犿（fān）无伤也。

清虚寂寞没有形迹，变化万千没有定规，死啊，生啊，与天地共存啊，与神明同在啊！茫茫然然去往何处？惚惚恍恍所自何来？包罗万物，却不知所归。古时的道术确实有类似内容，庄周就继承了上述遗风并热衷于相关活动。他用虚无悠远的学说，夸张唐突的言论，不着边际的言辞，时时纵任发挥，却不拘执，也从不偏持一端之见。他深感天下人沉湎物欲不自知，很难跟他们用庄重的语言讨论问题。于是总用无边无际之言肆意发挥，总用先哲之语让人信服，总用寄托于物的寓言阐发胸臆。他孤独地与天地玄妙精神相往来，却也从不傲视万物。从不苛求是非曲直，而是相容于世俗之中。

他的著述虽然雄奇伟异，却也宛转平和。他的言辞虽然变化

其辞虽参差，而諔（chù）诡可观。彼其充实，不可以已。上与造物者游，而下与外死生、无终始者为友。其于本也，宏大而辟，深闳而肆；其于宗也，可谓稠适而上遂矣。

虽然，其应于化而解于物也，其理不竭，其来不蜕，芒乎昧乎，未之尽者。

惠施多方，其书五车，其道舛驳，其言也不中。历物之意，曰："至大无

游离，却也妙趣盎然，多有可观。他内心丰满充实而思想奔放。上与天地自然结伴而游，下与弃置生死、不知始终者相交为友。他对于道的阐释，博大而精辟，深远而纵达；他领悟道的宗旨，更可谓妥帖适宜，已至最高境界。

但即使如此，他对于顺应自然变化，进而化解外物牵累的理解，依然是深奥且不可穷尽的，这些学说从未脱离大道本源，于茫昧恍惚之中，难以洞悉其中奥妙。

惠施的学问十分宽泛，他的书多达五车，他的学说杂乱庞博，他的言谈也多有偏颇。他观察分析事物的要理时说："大

庄子

外,谓之大一;至小无内,谓之小一。无厚不可积也,其大千里。天与地卑,山与泽平。日方中方睨,物方生方死。大同而与小同异,此之谓'小同异';万物毕同毕异,此之谓'大同异'。南方无穷而有穷。今日适越而昔来。连环可解也。我知天下之中央,燕之北、越之南是也。泛爱万物,天地一体也。"

惠施以此为大,

到极点而没有边际的,称为'大一';小到极点而没有内核的,称为'小一'。平面没有厚度不可能积累,但广度却能无限延展至千里之外。从整个宇宙的远大视角看,天与地一样低,山与泽一样平。太阳刚临正中位置时,恰是偏斜的开始,万物刚刚诞生时,也恰是死亡的开始。'大同'与'小同'之间的差异,这叫作'小同异';万物完全相同也完全相异,这叫作'大同异'。南方是无限远的,却又是有尽头的。今天刚往越国去而昨天已经去到。封闭的连环本不可解,但又是可以解开的。我知道天下的中心,在燕国的北边,也在越国的南方。要以宽广的胸怀热爱万物,因为天地原本就是没有分离的整体。"

惠施认为上述看法是伟大的

观于天下而晓辩者,天下之辩者相与乐之。卵有毛;鸡三足;郢有天下;犬可以为羊;马有卵;丁子有尾;火不热;山出口;轮不蹍地;目不见;指不至;至不绝;龟长于蛇;矩不方;规不可以为圆;凿不围枘;飞鸟之景未尝动也;镞(zú)矢之疾,而有不行不止之时;狗非犬;黄马骊牛三;白狗黑;孤驹未尝有母;一尺之捶,日取其半,万世不竭。辩者以此与惠施相应,终身无穷。

桓团、公孙龙,

道理,于是广布于天下并周知各处善辩者,天下辩士也乐于跟其辩论这些问题。比如鸡蛋里有毛;鸡有三只脚;郢都中包含着天下;狗可以变为羊;马是卵生;青蛙有尾巴;火不是热的;山也生嘴巴;车轮不会着地;眼睛看不见东西;有所指却无实际,有实际却无尽绝;乌龟比蛇长;矩尺不能画出方;圆规不能画出圆;凿孔不能对应榫头;飞鸟身影不曾移动;疾飞的箭头却存在着停留和静止的时候;狗不是犬;黄马、黑牛相加是三;白狗可以叫黑狗;孤驹不曾有母亲;一尺长的棍棒,每天截取一半,万年不会截完。好辩的人们用上述命题跟惠施辩论,一辈子都会没完没了。

桓团、公孙龙等,都是好

辩者之徒，饰人之心，易人之意，能胜人之口，不能服人之心，辩者之囿也。

惠施日以其知与人之辩，特与天下之辩者为怪，此其柢也。然惠施之口谈，自以为最贤，曰："天地其壮乎！"施存雄而无术。

南方有倚人焉，曰黄缭，问天地所以不坠不陷，风雨雷霆之故。惠施不辞而应，不虑而对，遍为万物说。说而不休，多而无已，犹以为寡，益之以怪。以反人为实，而欲以胜人为名，是以与众不

辩之人，他们蒙蔽人的思想，改变人的心意，总能胜过他人的舌头，却不能折服人心，这就是辩者的局限。

惠施每天靠他的心智与人辩论，专门和天下的辩士一起制造许多怪论奇说。而上述就是他们论争的大体情况。惠施天天口若悬河，自以为天下最有才能，说："天地果真伟大吗？"他实在是有雄心而无道术。

南方有个异人名叫黄缭，询问天为什么不会坠落，地为什么不会塌陷，风雨雷霆如何形成。惠施毫不推辞立即回应，不加思索地立即回答，说遍了万物生灭原理。滔滔不绝，难以休止，却仍然意犹未尽，于是又增加许多奇谈怪论。把违反人之常情的事情奉作真理，一心想在辩论中获胜而求取名声，因此他总是跟众

适也。

　　弱于德，强于物，其途隩（yù）矣。由天地之道观惠施之能，其犹一蚊一虻之劳者也，其于物也何庸！夫充一尚可，曰愈贵道，几矣！惠施不能以此自宁，散于万物而不厌，卒以善辩为名。惜乎，惠施之才！骀（dài）荡而不得，逐万物而不反，是穷响以声，形与影竞走也，悲夫！

人不合不同。

　　内心修养薄弱，却有强烈欲望追逐外物，他将走上一条歪曲狭窄之路。借天地之大道来评介惠施的才能，他不过就像是一只蚊虻在徒劳地嗡嗡作响。那些言论对于万物有什么用处！充当一家之言也就罢了，如果说堪为大道，那就太过了！倘若惠施不能以此而自安，总是离散心神于外物之上不知倦怠，那么最终至多落个善辩的美称。可惜啊！惠施的才气！放荡不拘而无所获，驰逐于外物而不知回头，这就像是用声音来遏止回声，又像是为了使身形摆脱影子而拼命奔跑，真是可悲啊！

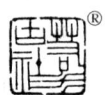

「若水古社」
高高国际国学品牌